◇普通高等学校通识课系列规划教材

自我探索与自我管理

——Ziwo Tansuo Yu Ziwo Guanli——

主　编　郭　霖
副主编　张美华　杨复伟　王　艳

重庆大学出版社

内容提要

本书通过自我探索、职业环境探索、职业生涯规划、时间管理、健康管理、学习管理、行动力管理等方面的学习和实践，在科学测评和实践体验中加深自我了解，探索职业倾向，树立正确的职业观，激发大学生职业生涯发展的自主意识，同时帮助学生掌握自我管理的基本能力，从而明确目标、合理计划，利用大学生涯的各种机会挖掘自身潜力、提高自身素质，为将来的成长与成才打下良好的基础。

本书可作为高校就业指导类课程的教材，也可供从事就业指导工作的教师及社会相关人士参考。

图书在版编目（CIP）数据

自我探索与自我管理 / 郭霖主编. -- 重庆 : 重庆大学出版社, 2018.3

普通高等学校通识课系列规划教材

ISBN 978-7-5689-1024-8

Ⅰ. ①自… Ⅱ. ①郭… Ⅲ. ①大学生—自我管理学—高等学校—教材 Ⅳ. ①G645.5

中国版本图书馆 CIP 数据核字（2018）第 034654 号

自我探索与自我管理

主 编 郭 霖

副主编 张美华 杨复伟 王 艳

责任编辑：顾丽萍 版式设计：顾丽萍

责任校对：夏 宇 责任印制：张 策

*

重庆大学出版社出版发行

出版人：易树平

社址：重庆市沙坪坝区大学城西路 21 号

邮编：401331

电话：（023）88617190 88617185（中小学）

传真：（023）88617186 88617166

网址：http://www.cqup.com.cn

邮箱：fxk@cqup.com.cn（营销中心）

全国新华书店经销

重庆学林建达印务有限公司印刷

*

开本：787mm×1092mm 1/16 印张：10.25 字数：219 千

2018 年 3 月第 1 版 2018 年 3 月第 1 次印刷

印数：1—3 500

ISBN 978-7-5689-1024-8 定价：28.00 元

前　言

当今世界知识更迭与产业升级的速度前所未有。随着时代的发展和科技的进步，人工智能逐渐取代一些传统岗位和职业，使得从业人员不能在一个岗位上从一而终。从业人员需要与时俱进，持续培养与提升自己的职业竞争力。这种竞争力无法被人工智能取代，它有别于通常的专业知识与技能，是一种非专业的要素，使得人们能够在职业生涯中适应跨岗位、跨职业甚至跨行业的成长需求。如何培养大学生在未来职业发展过程中可持续的竞争力，以适应社会发展需求、企业发展需求以及大学生自身的成长需求，非专业能力系列课程应运而生。

非专业能力系列课程在多年的教学实践、理论研究和企业调研的基础上进行研究开发，按照学生在大学不同阶段的发展需求来设计，相互之间有机衔接、密切联系，分阶段循序渐进、系统塑造，使学生顺利实现由校园人到职业人的转变。

非专业能力系列课程注重学生社会技能的培养，着力改变学生的心智模式，引导学生个性的充分发展，使学生作为一个健康和完整的个体，与环境和谐共存，去追寻职业发展的成功与人生的幸福。因此，学生不仅能在课程中感受到学习的快乐，更能感受到心灵的成长，这种成长帮助学生将关注的焦点从“环境的不利，他人的缺失”转移到“我能做什么”上面来，积极的心智模式为学生的专业能力培养与职业发展提供了坚实的基础。在此基础上培养学生具备人际关系能力、公共关系能力、组织协调能力、交流合作能力、适应能力以及社会责任感等。

非专业能力系列课程注重方法技能的培养，培养学生自我管理与自我发展的能力、独立思考的能力、获取新知识与新技能的能力、解决问题的能力、创新能力等。这些能力是学生在职业生涯过程中不断获取新知识与新技能、掌握新方法，将专业技能得到有效运用的重要基础。它能提升学生的职业竞争力，使学生踏上职场后能有效缩短职业适应期，成为高职商、高情商的职业人，从而帮助学生实现稳定就业，提升就业质量。

本书是在课程试点的过程中逐步编写形成自编讲义，并在教学过程中不断完善后正式出版，旨在规范和加强课程的建设。本书遵循以学生学习与发展成果为中心的原则，立足可读性与指导性，注重理论与实践相结合、普遍性与特殊性相结合、理论指导与技术指导相结合，体现了系统性、有效性和实用性的特点。本书可作为高校就业指导类课程的教材，也可供从事就业指导工作的教师及社会相关人士参考。

编　者

2018 年 1 月

目录 / CONTENTS

第一章　绪　论

［学习目标］

1. 了解自我探索与自我管理这门课程的性质及大学生职业生涯规划的意义、基本理论。

2. 了解自我认识的基本内涵，弄清自我认识在职业生涯规划中的作用。

3. 了解自我认识的功能，掌握自我认识的基本方法。

4. 认识自我探索与自我管理的关系。

［导入］

华人首富李嘉诚早年生活艰苦，经历过无数磨难。少年时他曾在香港的茶楼里做侍应生。虽然身为侍应生，但李嘉诚有强烈的梦想：就是要成为一名实业家。可是，像他这样没有后台、没有本钱的人，怎样才能实现梦想呢？

自小早熟的李嘉诚对自我有强大的认识，他发现自己有做销售员的潜质，而且做销售员可以为自己更快积累资本，成就实业家的梦想。在这种强烈自我认识引导下，17 岁的李嘉诚大胆地迈出了新的一步，他辞掉了茶楼里安稳的工作，成为一家塑胶厂的推销员。

在辛苦的推销生涯中，尽管经历种种艰难困苦，但李嘉诚毫不退缩，因为从 17 岁那一年他就深刻认识到自己的定位与能力，他相信自己的判断，相信凭着自己的潜质终会成就一番惊人的事业。

李嘉诚的成功，虽然有机遇的垂青，但更多的是他强大的自我认识以及不懈努力的结果。

结束了紧张的高考进入大学后，如何快速适应大学生活，更好地对自己的学业及未来的职业生涯作出规划显得尤为重要。很多同学进入大学后，度过了新鲜期后就陷入了深深的迷茫中，发现大学生活和理想中完全不一样，失去了最初的激情和梦想。“有事没事喜欢蜗居在宿舍，聊天、上网、睡觉、吃东西”成为很多同学大学生活的真实写照，其原因就在于对自我缺乏清晰的认识和自我管理的能力。认识自己是困难的，但是能够正确而深刻地认识自己，无疑是一种出色的能力——许多成功人士共同拥有的素质之一就是：他们都清晰地知道自己优势何在、自己能做什么、自己该往什么方向发展。

无论你现在处于什么状态，只要你能深刻地认识自己，明白自己的长处与短处，你就有了获得成功的可能。自我探索是自我管理的前提。“我到底想要什么？”“我能做什么？”“我正在做什么？”是我们必须经常思考的三个问题。

一个人要实现自己的价值,就必须选对人生的战场。要懂得扬长避短,选择适合自己的岗位,发挥自己喜欢并擅长的本领,这样做起来才能得心应手,工作起来才会事半功倍。我们要正确评估自己,自信而不自大,虚心而不自卑。

第一节　自我探索与自我管理概述

随着人口红利的消退,越来越多的企事业单位加大校园招聘的比例,从招聘雇佣军转而开始培养子弟兵。应届毕业生的机会越来越多,但机会永远只留给有准备的人。在智商、知识、技能基本站在同一水平线上的应届毕业生,有的同学一路过关斩将脱颖而出,有的却出师不利名落孙山,原因是什么呢?

应届生在个性特征、个人能力、情商、社会适应度上参差不齐,差异巨大。正是这种差异导致了完全不一样的结果。与社会接触多、自我认识准确的毕业生占明显优势,自我认识不足、懵懵懂懂的毕业生往往输在了起跑线上。

小故事

有一天,一位农夫到山上砍柴,偶然在草丛里拾到一个鹰蛋。农夫误认为是鸡蛋,便带回家中放入老母鸡孵化的鸡蛋中一起入孵。过了一段时间,小鹰和小鸡破壳而出,小鹰就和小鸡一起生活。但由于小鹰个子大,长得和小鸡们一点儿都不像,小鸡们都说它是怪物,都嫌它丑陋,都不愿意理它,小鹰很孤独,很自卑。日子一天天过去,一天小鹰和小鸡们在外玩耍,突然天上一团黑影盘旋而过,吓得小鸡们仓皇而逃。后来,小鹰问小鸡们那天飞过的是什么,小鸡们都讥笑它笨,连鹰都不知道。小鹰暗想:我要是一只鹰该多好啊!

(资料来源:成君忆.水煮三国[M].北京:中信出版社,2003.)

其实在我们现实生活中,很多人没有清楚地认识到自己的潜力、自己的特长,而对自己缺乏信心,在对别人的羡慕中迷失了自己。成功不是少数人的专利,每个人的机会都是均等的,只不过成功者在他的信念中就从未怀疑过他是一个成功者。人生命运的好坏,不是决定于上帝的喜怒,而是决定于一个人的自省、自信与自知。

自我探索就是通过各种方式不断认识自我的过程,站在职业生涯起点,自我探索与认识是成功的基石。

一、自我认识的定义

自我认识即个体对自己存在的觉察,觉察到自己的一切区别于周围其他的物与人。自我认识(Self-cognition)也叫自我意识,是个体对自身的辨认、了解和综合评价的过程。在这个过程中,"我"既是主体也是客体,是两者的统一,"主体我"即英文中的"I",强调以"主体我"的身份去认识和改造客观事物,此时的"我"处于观察的地位;"客体我"即英文中的

"me",强调以"客体我"的身份被认识、被改造,此时的"我"处于被观察的地位。

自我认识包括对生理自我、心理自我和社会自我的认识。

(一)生理自我认识

生理自我认识是指一个人对自己身体机能、外貌、体能等生理特征的认识。生理自我认识对个人的最大意义在于,个人首先要悦纳生理自我,尊重自己的生理特征,进而有意识地开发生理自我,以增强应对多变的、竞争日趋激烈的职业环境的能力。

(二)心理自我认识

心理自我认识是指一个人对自己的价值观、性格、兴趣、情感、能力等心理特征的认识。心理自我是职业自我的核心内容,也是自我探索的重点内容,它对一个人的职业选择和发展都起着至关重要的作用。

(三)社会自我认识

社会自我认识是指个人对自我社会属性的认识,是对自己在社会和集体中的地位及他人对自我的期望的认识,包括个人对自我在各种社会关系中的角色、地位、权利、义务等的认识。

全面地认识自我除了以上三方面之外,还可以从现实自我、理想自我、镜中自我这三种存在方式去认识。现实自我就是个体从自己的立场出发对自己当前总体实际状况的基本看法。镜中自我又称他人自我,是指个体想象自己在他人心目中的形象或他人对自己的基本看法。理想自我则是指个体想要达到的比较完美的形象。

课堂练习

我是谁?

请在5分钟内写出20句"我是一个……的人",要求尽量选择一些能反映个人风格的语句,避免出现类似"我是一个男生"这样的句子。

1. 我是一个____________________的人。
2. 我是一个____________________的人。
3. 我是一个____________________的人。
4. 我是一个____________________的人。
5. 我是一个____________________的人。
6. 我是一个____________________的人。
7. 我是一个____________________的人。
8. 我是一个____________________的人。
9. 我是一个____________________的人。
10. 我是一个____________________的人。
11. 我是一个____________________的人。

12. 我是一个________________________________的人。

13. 我是一个________________________________的人。

14. 我是一个________________________________的人。

15. 我是一个________________________________的人。

16. 我是一个________________________________的人。

17. 我是一个________________________________的人。

18. 我是一个________________________________的人。

19. 我是一个________________________________的人。

20. 我是一个________________________________的人。

写完后将陈述的20项内容作下列归类:

A. 身体状况(你的体貌特征,如年龄、身高、体形、是否健康等)。编号:________

B. 情绪状况(你常持有的情绪情感,如乐观开朗、振奋人心、烦恼沮丧等)。编号:________

C. 社会关系状况(与他人的关系,如何和别人应对进退,对他人常持有的态度、原则,如乐于助人的、爱交朋友的、坦诚的、孤独的等)。编号:________

D. 才智状况(你的智力、能力情况,如聪明、灵活、迟钝、能干等)。编号:________

E. 其他状况(包括性格、兴趣、信念、世界观、价值观等个性特征)。编号:________

评估你对自己的陈述是积极的还是消极的。在你列出的每句话的后面加上正号(+)或负号(-)。正号表示"这句话表达了你对自己肯定满意的态度",负号的意义则相反,表示"这句话表达了你对自己不满意、否定的态度"。看看你的正号与负号的数量各是多少。如果你正号的数量大于负号的数量,说明你的自我接纳状况良好。相反,你的负号将近一半甚至超过一半,这显示你不能很好地接纳自己,你的自尊程度较低,这时你需要内省一番,寻找问题的根源,比如是否过低地评价了自己?是什么原因使你成为这样?有没有改善的可能?

二、自我认识的发展阶段

心理学研究表明,个体自我认识从发生、发展到相对稳定,经过20多年的时间,综观自我意识的形成过程,可以把它分成四个阶段。

(一)自我意识的萌生时期:生理自我形成发展期

在生命降生之初,婴儿是没有自我意识的。婴儿一般在8个月龄左右,生理自我开始萌生,这是自我意识的最初形态。

到1岁左右,儿童开始能把自己的动作和动作对象区别开来,初步意识到自己是动作的主体。例如,当他手里抓着玩具的时候,他不再把玩具当作自己身体的一部分了。1周岁以后,儿童逐步认识自己的身体,也开始意识到自己身体的感觉。不过,他只是把自己作为客体来认识,他从成人那里学会使用自己的名字,并且像称呼其他东西一样地称呼自己。

一般到2岁左右,儿童逐渐学会用代词“我”来代表自己。

3岁左右的儿童,自我意识有了新的发展,主要表现在:出现了羞愧感与疑虑感。当做错了事时,会感到羞愧;当碰到矛盾时,会感到疑虑。出现了占有欲和嫉妒感。儿童看到自己喜欢的东西,就想独自占有,不愿与人共享;如果母亲对其他儿童表现出关心和喜爱,他会产生强烈的嫉妒感。第一人称“我”使用频率提高,许多事情都要求“我自己来”,开始有了自我独立的要求。应该说,3岁儿童的自我意识已经有了一定的发展,但其行为仍然是以自我为中心的,即以自己的想法解释外部世界,并把自己的想法和情感投射到外界事物上去。

(二)自我意识的形成时期:社会自我形成发展期

3岁到青春期这段时期,是个体接受社会化影响最深的时期,也是学习角色的重要时期。个体在家庭、幼儿园、学校中游戏、学习、劳动,通过模仿、认同、练习等方式,逐步形成各种角色观念,如性别角色、家庭角色、伙伴角色、学生角色等。这一时期,也是获得社会自我的时期,他们开始能意识到自己在人际关系、社会关系中的作用和地位,能意识到自己所承担的社会义务和享有的社会权利等。

(三)自我意识的发展时期:心理自我形成发展期

从青春发育期到青春后期大约10年时间,是心理自我的发展时期,自我观念渐趋成熟。青春期,个人无论在生理、认识或情绪等方面,都有很大变化,如性的成熟、逻辑思维和想象力的发展、感受性的敏感。一般地讲,青年自我意识的发展,经历着一个特别明显的、典型的分化、矛盾和统一的过程。自我明显的分化,意味着自我矛盾冲突的加剧,即主体我与客体我的矛盾斗争,理想的我与现实的我矛盾斗争的加剧。两个我不能统一,自我形象便不能确立,自我概念也不能形成。于是青年表现出明显的内心冲突,甚至有一定的内心痛苦和激烈的不安感。他们对自我的评价常常是矛盾的,对自我的态度常常是波动的,对自我的控制常常是不自觉、不果断的。他们可能时而只看到自己的这一方面,又时而只看到自己的那一方面;时而能较客观地评价自己,时而又不能这样做;时而肯定自己,时而又否定自己;时而感到自己什么都行,时而又感到自己特别幼稚;时而步入憧憬境界,对自己的现实缺乏意识,时而又厌恶自己长大而津津乐道那令人留恋的童年;时而对自己充满自信,时而又感到自己无能,对自己不满;等等。

(四)自我意识的完善时期:自我意识同一期

如果说青春期自我意识是迅速发展并趋向成熟的阶段,那么青年期之后个体的自我意识则是完善和提高阶段。即主体我与客体我、理想我与现实我经过激烈的矛盾和斗争,重新实现统一的时期。这种统一是在新的水平与方向上的协调一致,使现实我努力符合理想我的要求。

三、自我认识的理论

美国心理学家乔瑟夫·勒夫和哈里·英格拉姆提出了自我认识的窗口理论,认为人对自己的认识是一个不断探索的过程,并借助直角坐标不同象限来表示人的自我的不同部分,以别人知道或不知道为横坐标,以自己知道或不知道为纵坐标,将人的自我分为四个区:公开区、盲目区、隐秘区和未知区,这四个区的自我又叫公开我、隐私我、潜在我、背脊我。橱窗分析法就是借助乔哈里视窗理论对自我进行分析的一种常用方法,如图1.1所示。

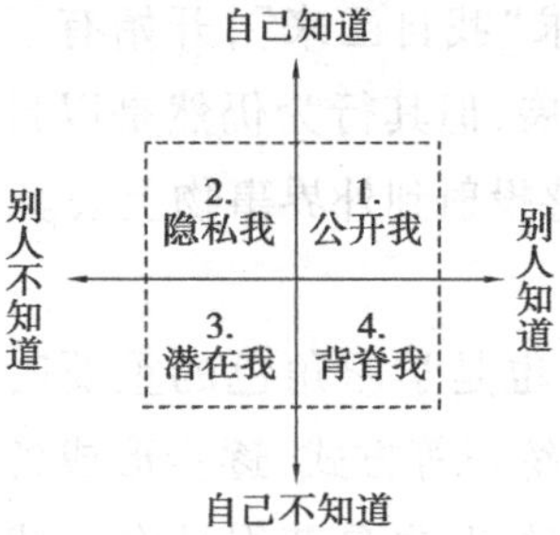

图1.1 橱窗分析

橱窗1:为自己知道,别人知道的部分,称为"公开我",属于个人展现在外,无所隐藏的部分。

橱窗2:为自己知道,别人不知道的部分,称为"隐私我",属于个人内在的私有秘密部分。

橱窗3:为自己不知道,别人也不知道的部分,称为"潜在我",是有待开发的部分。

橱窗4:为自己不知道,别人知道的部分,称为"背脊我",犹如一个人的背部,自己看不到,别人却看得很清楚。

由以上橱窗分析可以看出,自我认识的重点区域在橱窗3和橱窗4,橱窗3即"潜在我",是影响一个人未来发展的重要因素。据科学家研究发现,每个人都有巨大的潜能,人类平常只发挥了极小部分的大脑功能。如果一个人能发挥一半的大脑功能,将轻易地学会40种语言,背整套百科全书,拿12个博士学位。著名心理学家赫伯特·奥托指出,一个人一生所发挥出来的能力,只占他全部能力的4%,也就是说一个人96%的能力还未开发。赫赫有名的控制论奠基人诺伯特·维纳说:"可以完全有把握地说,每个人即使他是做出了辉煌成就的人,在他的一生中利用他自己的大脑潜能还不到百亿分之一。"了解"潜在我"的主要方法是"积极性暗示法"。

方法1:扩大优点法。

有些大学生由于失败或挫折经历的积累,导致自我评价较低,缺乏自信,不能很好地接纳自己,有的甚至自我拒绝,自我放弃。李白曾说"天生我材必有用",我们每个人都有自己的闪光点,我们需要做的就是发现自己的闪光点,并设法将其扩大化,即使是微不足道的优点,如果每天能够反复思索几遍,渐渐地自己也会觉得优点慢慢多了。

方法2:淡化消极因素法。

资料

死囚实验

国外有人以死刑犯作为实验的对象,做了这样一个实验。把他关在一个屋子里,蒙上眼睛,然后对死囚说:"我们准备换一种方式让你死,我们将把你的血管割开,让你的血滴尽而亡。"然后用冰块在死囚的手腕上划了一下,接着打开一个水龙头,让死囚听到滴水声。实验者说:"这就是你的血在滴。"第二天早上打开房门,发现死囚死了,脸色惨白,一副失血过多的模样,其实他的血一滴也没有流出来。

是什么杀死了这个死囚？——消极的心理暗示。

从这个实验中我们可以看出心理暗示对人身体的生理机能的影响有多大！消极的心理暗示能摧毁一个人的生命。

淡化消极因素法指设法缩小消极面。在实际生活中，有许多人被不安和自卑情绪困扰得痛苦不堪，但稍加分析，就会发现他们将极小部分的失败或恐惧扩大化了，扩大到了工作的整体。比如有的人与上司发生了一次口角，就对工作失去了信心；有的人对上司某一决策有看法，就觉得工作没意思；有的人跟同事闹了别扭，就觉得上班没劲；有的人跟一位客户发生了一次冲突，就觉得这工作没法干了，等等。

方法3：不说消极语言法。

消极语言，是一种消极暗示，这种话说多了，就会产生自卑心理，使人意志消沉，对自己进行否定，而且进行全面否定，进而失去自信，一事无成。

方法4：赞美他人法。

赞美他人是一种积极的暗示，而且不仅给他人积极的暗示，同时也给了自己积极的暗示。你赞美他人，他人必定高兴，给你一个笑脸，这也是一个积极性暗示。特别是对于领导者，如能善加运用这一方法，其效果更大，不但能改进上下级关系，还能调动部下的工作积极性。

方法5：转移暗示法。

对于自己而言，可避免运用消极的暗示；而当他人对你进行消极暗示，怎么办呢？遇到这种情况，就得运用转移暗示，将别人对自己的消极暗示，转化为积极暗示。

有一天在某路公共汽车上就发生了这样一件事。一位老先生踩了一位年轻姑娘的脚，这位姑娘开口就骂人："你个老不死的！"可是这位老先生没有生气，反而笑呵呵地说："谢谢！谢谢！"

对自我的认识除了要了解"潜在我"还要注意分析橱窗4即"背脊我"，它是准确对自己进行评价的重要方面，可以通过真诚地、真心地征询别人的意见和看法，来了解"背脊我"，这需要有开阔的胸怀和正确的态度。

四、自我管理的定义与内容

1999年，管理大师德鲁克提出"管理你自己"。其在文章中不仅深刻地阐述了怎么认识自己，而且把"认识"上升到了"管理"的高度。

一个有能力管好别人的人不一定是一个好的管理者，而只有那些有能力管好自己的人才能成为好的管理者。"所有的胜利，与征服自己的胜利比起来，都是微不足道的；所有的失败，与失去自己的失败比起来，更是微不足道"。所以在谈成功之前，先管理好自己。

自我管理（Self-management）概念的提出虽然并不久远，但实质上自古以来人们都在不同程度地实施自我管理。如，古人云："吾日三省吾身"，就指的是人们对自己所思所想、所作所为的一种自我反思，从反思中总结得失利弊与经验教训，这就是一种自我管理。

所谓自我管理，就是指个体对自己本身的管理，自己做自己的主人，自己管理自己，自己约束自己，自己激励自己，自己主导自己的人生，为实现自我人生目标不断奋斗的过程。其是一门通过自我认识、自我组织、自我激励、自我监督、自我调控、自我评价、自我锻炼、自我反省，使个体逐步走向自我完善和完美，从而达到自我实现、自我成就和自我超越的科学与艺术。

自我管理，到底应该管理哪些内容？目前学术界并没有明确及统一的界定，笔者对各类资料进行整理，归纳总结如下：

①人生规划，即对自己的人生必须要有一个明确的规划，并要通过自律和对时间的妥善安排以确保人生规划的实施。

②时间管理，人生一切的梦想、愿望和追求都不能脱离载体而独自存在，所以要管理好自我人生的载体——时间。

③身体及心理素质管理，身体是本钱，是一切的根本，管理好自己的身心健康尤为重要。

④个人学习管理，即知识的获取、整理、更新、分享、应用与创新。

⑤执行力管理，即对个人行动力的提高及管理。

第二节　本课程学习的意义及方法

自我探索与自我管理是一门集知识性、思想性、实践性于一体的非专业能力课程，内容主要是引导学生正确认识自我，认识自己的前途，在正确认识自我后能树立正确的职业观、就业观和创业观；同时帮助他们掌握职业规划及求职择业的基本技能，促使大学生理性地规划自身未来的发展，并努力在学习过程中自觉地提高自我管理的能力，合理地管理好自己的时间、健康和形象，为将来的成长与成材打下良好的基础。

一、学习本课程的意义

（一）有助于大学生明确大学阶段的发展方向和人生目标

进入大学后，有一部分同学认为现实的大学与理想中的大学相距甚远。有一部分同学持有“大一大二轻松一下，大三大四再努力也不迟”的观念，不知道怎么去管理自己的时间和健康。还有一部分同学进入大学后开始迷茫，不知道自己是谁，适合做什么，将要做什么？无论是哪种情绪和心态，均易忽视树立现阶段的学习目标，对自己未来的发展缺乏科学的规划。学习此课程，能帮助大学生了解当前的就业形势和人才需求状况；根据自身特点和社会需要，选择并确定有利于发挥个人才能和实现个人理想的职业；能够合理地安排好自己的时间，珍惜大学学习知识的美好时光，同时培养良好的生活习惯和健康的饮食方式，以强壮的体魄面对激烈的未来竞争。

(二)有助于大学生树立正确的就业择业观

目前,有些学生认为考上大学后就业问题应该由学校和家长负责,有"等、靠、要"的思想,而缺乏"先就业、后择业、再创业"和面向基层的意识和意愿。还有的大学生在择业过程中普遍存在此类现象:收入就高不就低;地区就东不就西,就城不就乡,就富不就穷;企业类型就大不就小,就公(国有企事业单位)不就私(个体、私营、三资企业)等。根据一项调查显示,95%的同学表示自己两年之内要做主管,5年后要成为部门总监;77%的同学说,35岁之前要成为年薪50万~100万元的职业经理人;甚至还有20%的同学表示毕业后10年之内登《福布斯》等知名杂志的富豪排行榜,做一名叱咤风云的"金领"。这充分说明当前大学生的职业目标都过于理想化,与实际不符。大学生应面对市场需求,作出积极的调整,将国家利益和个人利益结合起来,把自己的理想和现实结合起来,不断努力、不断进取,从小事做起、从具体事情做起、从基层做起,才能最终取得辉煌的成就和业绩。

(三)有助于提高大学生的就业竞争力

"天生我材必有用",每个人都有自己的特点和能力。通过本课程的学习,能帮助大学生了解自我个性特质与兴趣,挖掘潜能,了解职业门槛,进行职业目标定位,制定大学期间的学习规划和职业生涯规划。在实现每一阶段性目标时,大学生都需要通过各种理论和实践的积累,提升自身能力,如语言表达能力、人际沟通能力、分析判断能力、问题解决能力、创新能力、组织管理能力等。在此过程中,大学生的潜能会得到充分的挖掘和开发,自身的就业力也会随之提高。

(四)提高大学生自我管理的能力

大学是生产高层次人力资源的"工厂",为社会发展提供不竭的动力,是整个社会体系的重要组成部分。我国的大学肩负着为社会主义事业培养建设者和可靠接班人的重要任务。然而,随着我国社会主义市场经济体制的建立和逐步完善,带有计划经济体制特征的以"他律"为主的大学生管理模式,既不能充分地发挥大学生的创造性,也不能最大限度地调动大学生的积极性和主动性,已无法适应当前社会发展的需要。中央16号文件对此有明确指示,大学生的教育要坚持学校教育与自我教育相结合。学习此门课程,可以充分调动大学生的积极性和主动性,引导大学生自我教育、自我管理、自我服务。提高我国高校人才培养的水平和质量,是构建完善的大学生自我管理体系不可或缺的重要环节。

二、本课程的学习方法

本书的主要内容共八章:第一章至第三章主要讲的是自我探索的各个方面,其中分析了什么是自我探索、大学生为什么要自我探索以及如何自我探索,帮助学生从职业、环境、兴趣、性格等各个方面分析并深化对自我的认识,使其能自觉树立职业生涯规划的自主意识,全面客观地认识自己的特点、职业特性及社会环境,树立正确的人生观、价值观和就业观;第四章至第八章主要讲的是自我管理的内容,从职业生涯规划、时间管理、健康管理、学习管理、行动力管理等五个方面帮助学生实现自主管理和自主教育，提高学生未来在社会上的竞争力。而自我探索是实现自我管理的前提，在自我管理的实现中个人能更好地进行自我探索和自我认识。

(一)注重知识吸收，培养自主意识

大学生在学习本课程的过程中，应当注重自我探索、自我管理、职业规划概念和理论知识的理解和吸收，着重自我探索和职业世界探索知识的掌握和运用，主动思考人生，培养自主意识，对自身进行合理的学业和职业目标定位，并据此做出相应的实施方案，努力提升各方面的素质与能力。

(二)注重联系实际，探求职业世界

职业世界是丰富且复杂的。大学生在大学阶段之前对职业世界的探求十分有限，对职业、行业和社会都不甚了解。这种盲目性会导致大学生在择业问题的抉择与处理上比较茫然。因此，需要在大学期间根据所学的职业规划理论知识，利用一切有效途径，结合自身所学专业以及专业所涉领域，逐步确立职业倾向，明确自己的职业方向，更好地了解自己的专业和将来所要从事的行业和岗位。

(三)注重社会实践，提升自身能力

社会实践是在校大学生为了加深对本专业的了解，通过对社会的调查、接触，在实践活动中加深与巩固理论知识。同时，社会实践能锻炼和挖掘自身潜质。当前的大学生，并没有太多真正的实际生活经验，在本课程的学习中，同学们需要通过一定的社会实践活动，如采取调查访谈、素质拓展的方式去理解课本中的理论知识。

案例

以下为某大学三年级学生李明浩的自我认识总结。

一、自我评估

我的价值观：进取心强、待人热情、热衷社交、有毅力。

我的性格：自信、乐观、意志坚定。

我的兴趣爱好：运动、游泳、篮球。

自我能力小结：我是一个外向兼内向的人，责任心和进取心强，有强烈的使命感。注重个性的全面发展，对新鲜事物的接受能力较强，积极参与各种社会的公益活动，努力从各方面去提升自己。

二、他人评价

他人的评价具体如表1.1所示。

表 1.1 他人评价

关系分类	综合评价
亲人	有毅力,能力较强,肯吃苦,有较强的主见
老师	上进心很强,综合素质较高,做事能力强,能把事情做得很到位
同学、朋友	考虑问题很周到,做事情有始有终,专心认真,有较好的交际能力

三、测评结果

通过科学的测评工具进行测评,是客观了解自己的一个重要途径。表 1.2 是测评本人的情况。

表 1.2 测评结果

职业价值观	得分	特征	工作中的优、劣势	与自评对照
志愿取向	8	实事求是、脚踏实地	乐于助人、不计得失	吻合
自我实现取向	4	独立工作,很少交流; 尽力挖掘潜能; 对一些好的事情漠不关心	重视他人感受; 目标性强; 对自身利益考虑不够	基本吻合
经营取向	5	不愿受他人指使; 总想表现自己	独立性强; 较主观; 强烈成就感	吻合

四、自我认识总结

通过综合分析自我评估、他人评价和测评结果三方面,总结出以下结论:

①我是一个注重个性发展的人;

②我是一个善于策划、组织等工作的人;

③我适合从事有难度的工作;

④我是一个负责任的人。

综上,我应该去做房地产工作。

案例分析

1. 李明浩同学的自我认识的方向是否正确?
2. 李明浩同学的自我认识用了哪些方法?

本章小结

自我探索是大学生职业规划的第一步,也是实现自我管理的前提。个人可以通过自我反省法、社会比较法、他人反馈法、活动成果法和测验评估法进行自我认识，发掘自身的能力，了解自己的优势、劣势。通过分析自身的特点和倾向，找准学习奋斗的方向，选择适合自己的课程，进行自我规划和管理，充分发挥潜能，为将来从事最适合的职业做好准备。自我探索是自我管理实现的前提，自我管理的实现有助于个人更好地进行自我探索。

思考题

1. 列出 5 项你最感兴趣的活动，这些兴趣对你的职业有怎样的影响？
2. 你最擅长的是什么？具备这些能力，你可以进入哪些职业领域？

第二章　自我探索

［学习目标］

1. 学会自我认识、自我分析的方法。
2. 理解性格、兴趣、能力、价值观的内涵，并进而了解其对职业选择的影响。

［导入］

在古希腊神话故事《俄狄浦斯王》中有这样一个故事：有一个狮身人面的女妖斯芬克斯，她每天坐在忒拜城堡附近的悬崖上向路人提出一个谜语——什么动物早晨四条腿走路，中午两条腿走路，晚上三条腿走路，腿最多时最无能？过路人必须猜中，如果猜不中，就要被她吃掉。无数人为此丧生。最后，一个叫俄狄浦斯的青年猜到了答案，谜底就是人。这就是斯芬克斯之谜，它反映了古希腊哲学家普遍认识人类的最高智慧——人，必须反思和认识自己！

《新大英百科全书》将"心理学"作为词条解释时同样引用了一个故事：在古希腊奥林波斯山，有一座德尔菲神殿，神殿里有一块石碑，上面写着——"人啊，认识你自己"。就是这句话，经过漫漫几千年的演变，形成了今天的心理学，成为心理学公认的产生源头。

两千多年前，古希腊哲学家说过：人最熟悉的莫过于自己，最陌生的也莫过于自己；最亲近的是自己，最疏远的也是自己。古人如此，今人莫不如是。一个人如果能够清楚地认识自己，准确地评价自己，制订确实可行的行动目标并进而采取有效的行动，充分发挥自己的长处和优势，最终将获得成功；反之，则会影响个人的发展。

本章将引导大家在认识自我的基础上进而认识自己的性格、兴趣、能力、价值观，帮助我们在纷繁的世界里保持一份方向感和控制感，不再迷失自我。

第一节　自我认识方法概述

自我认识需要掌握一定的方法，常用的有以下两类：

一、自我评价法

（一）比较法

从"我"与他人的关系认识和评价自我，我们每个人都生活在一定的社会环境中，离不开与他人的交往,可以说他人是反映自我的一面镜子,与他人交往是个人获得自我观念的来源之一。大文豪苏轼曾写道:"不识庐山真面目,只缘身在此山中。"认识自己有时候比较困难,尤其是处于"当局者迷,旁观者清"的境地中,此时不妨借助于周围人对我们的态度和评价来认识和了解自己,但我们也要对此进行冷静的分析,既不能盲从,也不能忽视。

与他人进行比较还要注意比较的参照系,比如比较的对象是什么人?是与自己条件相类似的人,还是个人心目中的偶像或极不如自己的人?与姚明比身高,与比尔·盖茨斗富,都不是明智之举,我们通常需要选择和自己类似的人进行比较,这样才能找准自己的位置。除此之外,还要明确比较的标准,是可变的标准还是不可变的标准,是相对标准还是绝对标准,也就是说我们要学会用发展的眼光、辩证的方法去看待自己和他人。

(二)活动成果法

个体的能力可以在实践活动中展现,通过自己所获得的成果、成就以及社会效应来分析自己。任何一种活动都是一种学习,同时这些活动的结果也往往直接标志自身的价值。理想的活动结果可以使个体增强自信心,发现自身的价值,并进一步提高认识自我的能力。

(三)反省法

反省法即通过反省认识自己,对曾经发生的事情及过程回头看、再思考,这是一个回顾、总结、分析、提炼、消化、吸收的过程。曾子曰:"吾日三省吾身。"我们可能做不到一天三次反省自己,但我们可以每周、每月甚至每年对自己进行反省。要认识自己,我们必须要做一个有心人,经常反省自己在日常生活中的点滴表现,总结自己是一个什么样的人,找出自己的优点和缺点。

我们可以从以下三方面进行反省:

①自己眼中的我。个人通过自己的身体、容貌、性别、年龄、职业、性格、能力等实际观察到的客观的我。

②别人眼中的我。与别人交往时,由别人对你的态度、情感反应而觉知的我。不同关系的人对自己的反应和评价不同,它是个人从多数人对自己的反应中归纳出的统觉。

③自己心中的我,也指自己对自己的期许,即理想我。

二、测验评估法

心理测试(Psychological Test)就是依据心理学理论,使用一定的操作程序,通过观察人的少数有代表性的行为,对于贯穿在人的全部行为活动中的心理特点作出推论和数量化分析的一种科学手段。使用心理测试了解自我,要注意如下几点:

(一)在具备资质的机构指导下进行测试

根据中国心理学会1992年12月公布的《心理测验管理条例》,心理学专业本科以上毕业生或在心理测量专家指导下具有两年以上测验经验者,或者持有国家心理测量专业委员会认证的资格证书的人才有资格进行心理测量活动。这只是对心理测试人员的最基本要求，很多测试必须经过专门培训，并在心理测量专家指导下实习数年，才能具有独立施测资格。因此，如果希望自己的心理测试结果真实有效，一定要选择具备测试资质的机构，在其指导下进行测试。二甲以上医院精神心理科、中科院心理研究所、各高校心理咨询中心以及社会上口碑良好的心理咨询机构等都可以提供正规的心理测试服务。

(二)测试过程认真，如实陈述自己情况

相当一部分心理测试属于自陈性测试，这类测试结果的有效性受到试题答案真实性的影响，因此，回答每个问题时，我们必须按照自己的真实情况作出回答，而不要按照自己希望的情况作答，以免影响测试准确性。

(三)选取专业人士合理解释结果

心理测试有一套专门的评分方式和解释标准，因此不能望文生义，胡乱解释，而是要选择专业人员对测试进行评定和解释。一般而言，测试人员和解释人员最好是同一个人。

(四)用发展的眼光看待测试结果

心理测试是具有时效性的，测试结果只反映被试者过去和当前的状态。面对良好的测试结果，不要盲目乐观；面对不良的测试结果，也不要妄自菲薄，自暴自弃，而是要用发展的眼光看待结果，接受不能改变的，扬长避短，不断发展自己。性格可以变化，能力可以锻炼，兴趣可以培养。

第二节　职业性格与职业兴趣

一、性格与职业性格

世界著名心理学家威廉·詹姆斯说：播下一个行动，收获一种习惯；播下一种习惯，收获一种性格；播下一种性格，收获一种命运。由此可见，性格对我们的影响巨大，那么，什么是性格呢？性格因素和职业选择之间到底存在什么样的关联呢？

性格(Character)一词源于希腊语，意为雕刻的痕迹或戳记的痕迹。心理学上把性格定义为个人对现实的稳定的态度和习惯化了的行为方式所表现出来的心理特征。比如一个人在各种场合表现出对人热情、善良，对自己谦虚谨慎，遇事深谋远虑，这种对人、对己、对事的稳定态度和习惯化的行为方式所表现出来的心理特征就是这个人的性格。因此，可以说性格是个人在活动中与特定的社会环境相互作用的结果。需要注意的是，性格是一个人贯穿始终的思维、感觉或行为模式，是人最本能、最自然的反应。在别人面前有意识表现的行为特征只是一时的表象，不是性格。比如某个人做事一向果断，偶尔也表现出优柔寡断，那么这个人的性格就是果断而非优柔寡断。再比如某人在特殊的情况下，一反机智果断的常态而表现得呆板麻木，这里就不能把呆板麻木作为这个人的性格特征。

职业性格(Occupational Character)是指人们在长期特定的职业生活中所形成的与职业

相联系的、稳定的心理特征。

课堂活动1

签　名

请像平常一样在纸上签名，然后换一只手。思考：感觉有何不同？

分享：常用的那只手签名感到自然、自如，不用多想就能签上，毫不费力，很容易，看起来整洁，字迹清晰、熟练。而不常用的那只手不自然、不习惯，签名时不得不想想，需要集中注意力，吃力、费劲，写得别扭、笨拙。

我们在其他事情上也是如此，有自己擅长的一面，也有自己不擅长的一面，就如自己的右手与左手，没有好坏或者对错之分。

职业心理学的研究表明，不同的职业有不同的性格要求。虽然每个人的性格都不能百分之百地适合某项职业，但却可以根据自己的职业倾向来培养、发展相应的职业性格。不同性格特征的人员，对企业而言，决定了每个员工的工作岗位和工作业绩；对个人而言，决定着自己的事业能否成功。如果能够找到一个适合的环境，使我们在其中发挥自己的长处和优势，那么我们会很自信，并且往往取得佳绩。相反，如果要求我们做不擅长的事情，那么多半会感到不舒服，不自在，而且可能干不好工作。

那么，怎样才能了解自己适合从事哪种职业呢？一般情况下，最常用的就是心理测试，常见的职业性格测试有 MBTI 职业性格测试、16PF 人格测试等。

MBTI 是 Myers-Briggs Type Indicator 的简称，由美国心理学家 Katherine Cook Briggs 和她的心理学家女儿 Isabel Briggs Myers，根据瑞士著名的心理分析学家 Carl G. Jung（荣格）的心理类型理论和她们对于人类性格差异的长期观察和研究而著成。

职业性格特征测评通过了解人们在做事、获取信息、决策等方面的偏好来从四个维度对人进行分析，每个维度有两个方向，一共是八个方面。具体如下：①能量倾向（E-I 维度）：外倾（Extroversion）、内倾（Introversion）；②接受信息（S-N 维度）：感觉（Sensing）、直觉（Intuition）；③处理信息（T-F 维度）：思考（Thinking）、情感（Feeling）；④行动方式（J-P 维度）：判断（Judging）、知觉（Perceiving）。

每个人的性格都立足于四种维度每种中点的这一边或那一边，我们把每一种维度的两端称作“偏好”。例如，如果你处理信息的方式落在思考的那一边，那么就可以说你处理信息的方式具有思考的偏好，反之如果落在情感的那一边则认为你处理信息的方式具有情感的偏好。

四个维度两两组合，共有 16 种类型。以各个维度的字母表示类型，具体如表 2.1 所示。

表 2.1　MBTI 16 种性格类型及其通常具有的特征

ISTJ	ISFJ	INFJ	INTJ
沉静，认真，贯彻始终，值得信赖而取得成功；讲求实际，注重事实，能够合情合理地决定应做的事情，而且坚定不移地把它们完成，不会因外界事物而分散精力；以做事有次序、有条理为乐——不论在工作上、家庭上还是在生活上；重视传统和忠诚 **适合职业**：审计师、会计、财务经理、办公室行政管理员、后勤和供应管理员、中层经理、公务（法律、税务）执行人员等；银行信贷员、成本估价师、保险精算师、税务经纪人、税务检查员等；机械工程师、电气工程师、计算机程序员、数据库管理员、地质勘查员、气象学家、法律研究者、律师等；外科医生、药剂师、实验室技术人员、医生等	沉静，友善，有责任感和谨慎；能坚定不移地承担责任；做事贯彻始终、不辞辛劳和准确无误；忠诚，替人着想，细心；常常记得他所重视的人的种种微小的事情，关心别人的感受；努力创造一个有秩序、和谐的工作和家居环境 **适合职业**：文秘、行政管理人员、经理助理、秘书、人事管理者、教师、管理人员、客服、各类医生、志愿者、义工等	探索意念、人际关系和物质拥有欲的意义和它们之间的关系；希望了解什么可以激发人们的推动力，对别人有洞察力；尽责，能够履行他们坚持的价值观念；有一个清晰的理念以谋取大众的最佳利益；能够有条理、果断地去实践他们的理念 **适合职业**：心理咨询工作者，心理诊疗师，职业指导顾问，大学教师（人文学科、艺术类），心理学、教育学、社会学、哲学及其他领域的研究人员等；作家、诗人、剧作家、电影编剧、电影导演、画家、音乐家、艺术顾问、建筑师、设计师等	具有创意的头脑，有很大的冲劲去实践理念和达到目标；能够很快地掌握事情发展的规律，从而想出长远的发展方向；一旦作出承诺，便会有条理地展开工作，直到完成为止；有怀疑精神，独立自主；无论为自己或为他人，均有高水准的工作表现 **适合职业**：各类科学家、研究人员、设计工程师、系统分析员、计算机程序师、各类技术顾问、技术专家、企业管理顾问、投资专家、法律顾问、医学专家、精神分析学家、经济学家、投资银行研究员、证券投资和金融分析员、投资银行家、财务计划员、各类发明家、建筑师、社论作家、设计师、艺术家等

续表

ISTP	ISFP	INFP	INTP
容忍、有弹性;是冷静的观察者,但当有问题出现时,便迅速采取行动,找出可行的解决方法;能够分析哪些东西可以使事情进行顺利;很重视事件的前因后果,能够以理性的原则把事实组织起来,重视效率 **适合职业**:机械、电气、电子工程师,各类技术专家和技师,计算机硬件、系统集成专业人员等;证券分析师、金融投资顾问、财务顾问、经济学研究者等;贸易商、商品经销商、产品代理商(有形产品为主)等;警察、侦探、体育工作者、赛车手、飞行员、雕塑家、手工制作者、画家等	沉静、友善、敏感和仁慈;喜欢有自己的空间;忠于自己所重视的人;不喜欢争论和冲突,不会强迫别人接受自己的意见或价值观 **适合职业**:文科教师、警察、美容专家、策划人员、翻译人员、社会工作人员、客户销售代表、工程师、娱乐工作者、消防员、设计师、画家、演员、服装设计师、乐器制造者、漫画/卡通制作者、厨师、牙医、药剂师、外科医生、营养学者、康复专家、职业咨询师、地质/考古学者、摄像师、计算机操作员、系统分析师、检查员等	理想主义者,忠于自己的价值观及自己所重视的人;外在的生活与内在的价值观配合;有好奇心,能很快看出事情可行与否,能够加速对理念的实践;试图了解别人,协助别人发展潜能;适应力强,有弹性,如果和他们的价值观没有抵触,往往能包容他人 **适合职业**:各类艺术家、插图画家、诗人、小说家、建筑师、设计师、文学编辑、艺术指导、记者等;大学老师(人文类)、心理学工作者、心理辅导和咨询人员、社科类研究人员、社会工作者、教育顾问、图书管理者、翻译家等	对任何感兴趣的事物,都要探索一个合理的解释;喜欢理论和抽象的事情,喜欢理念思维多于社交活动;沉静,满足,有弹性,适应力强;在他们感兴趣的范围内,有非凡的能力去专注而深入地解决问题;有怀疑精神,有时喜欢批评,常常善于分析 **适合职业**:软件设计员、系统分析师、计算机程序员、数据库管理员、故障排除专家等;大学教授、科研机构研究人员、数学家、物理学家、经济学家、考古学家、历史学家等;证券分析师、金融投资顾问、律师、法律顾问、财务专家、侦探等;各类发明家、作家、设计师、音乐家、艺术家、艺术鉴赏家等

续表

ESTP	ESFP	ENFP	ENTP
有弹性，容忍，讲求实际，专注及时的效益；对理论和概念上的解释感到不耐烦，希望以积极的行动去解决问题；专注于“此时此地”，喜欢主动与别人交往；喜欢物质享受的生活方式；能够通过时间达到最佳的学习效果 **适合职业**：各类贸易商、批发商、中间商、零售商、房地产经纪人、保险经济人、汽车销售人员、私家侦探、警察等；餐饮、娱乐及其他各类服务业的业主、主管、特许经营者、自由职业者等；股票经纪人、证券分析师、理财顾问、个人投资者等；娱乐节目主持人、体育节目评论、脱口秀主持人、音乐演奏者、舞蹈表演者、健身教练、体育工作者等	外向，友善，包容；热爱生命，热爱人，热爱物质享受；喜欢与别人共事；富灵活性、即兴性，易接受新朋友和适应新环境；与别人一起学习新技能可以达到最佳的学习效果 **适合职业**：精品店销售人员、商场销售人员、娱乐业客户经理、餐饮业客户经理、房地产销售人员、汽车销售人员、市场营销人员（消费类产品）等；广告企业中的设计师、创意人员、客户经理、时装设计和表演人员、摄影师、节目主持人、脱口秀演员等；旅游企业中的销售、服务人员、导游、社区工作人员、志愿工作者、公共关系专家、健身和运动教练、医护人员等	热情而热心，富于想象力；认为生活充满很多可能性；能够很快地找出时间和资料之间的关联性，而且有信心地依照他们所看到的模式去做；很需要别人的肯定，乐于欣赏和支持别人；即兴而富于弹性，时常信赖自己的临场表现和流畅的语言能力 **适合职业**：儿童教育老师、大学老师（人文类）、心理学工作者、心理辅导和咨询人员、职业规划顾问、社会工作者、人力资源专家、培训师、演讲家等；记者（访谈类）、节目策划和主持人、专栏作家、剧作家、艺术指导、设计师、卡通制作者、电影制片人、电视制片人等	思维敏捷，机灵，能激励他人，警觉性高，勇于发言；能随机应变地去应付新的和富于挑战性的问题；善于引出在概念上可能发生的问题，然后很有策略地加以分析；善于洞察别人；对日常例行事物感到厌倦；甚少以相同方法处理同一事情，能够灵活地处理接二连三的新事物 **适合职业**：投资顾问（房地产、金融、贸易、商业等）、各类项目的策划人和发起者、投资银行家、风险投资人、企业业主（新兴产业）等；市场营销人员、各类产品销售经理、广告创意人员、艺术总监、访谈类节目主持人、制片人等；公共关系专家、公司对外发言人、社团负责人、政治家等

续表

ESTJ	ESFJ	ENFJ	ENTJ
讲求实际,注重现实,注重事实;果断,很快作出实际可行的决定;能够安排计划和组织人员以完成工作,尽可能地以最有效率的方法达到目的;能够注意日常例行工作的细节;有一套清晰的逻辑标准,会有系统地跟着去做,也想别人跟着去做;会以强硬的态度去执行计划 **适合职业**:大、中型外资企业员工,业务经理,中层经理(多分布在财务、营运、物流采购、销售管理、项目管理、工厂管理、人事行政部门),职业经理人,各类中小型企业主管和业主	有爱心、尽责、合作;渴望有和谐的环境,而且有决心营造这样的环境;喜欢与别人共事以能准确地、准时地完成工作;忠诚,即使在细微的事情上也能如此;能够注意别人在日常生活中的需要而适时提供帮助;渴望别人赞赏他们和欣赏他们所做的贡献 **适合职业**:办公室行政或管理人员、秘书、总经理助理、项目经理、客户服务部人员、各类医生、护士、健康护理指导师、大型企业客户服务代表、客户经理、公共关系部主任、商场经理、餐饮业业主和管理人员等	温情,有同情心,反应敏捷和有责任感;高度顾及别人的情绪、需要和动机;能够看到每个人的潜质,要帮助别人发挥自己的潜能;能够积极地协助他人和组织的成长;忠诚,对赞美和批评都能作出很快的回应;社交活跃,在一组人中能够惠及别人 **适合职业**:人力资源培训主任、销售员、团队培训员、职业指导顾问、心理咨询工作者、大学教师(人文学科类)、教育学、心理学研究人员等;记者、撰稿人、节目主持人(新闻、采访类)、公共关系专家、社会活动家、文艺工作者、平面设计师、画家、音乐家等	坦率、果断、乐于作为领导者;很容易看到不合逻辑和缺乏效率的程序和政策,从而实施一个能够顾及全面的制度去解决一些组织上的问题;喜欢有长远的计划和目标;往往是博学多闻的,喜欢追求知识,又能把知识传给别人;能够有力地提出自己的主张 **适合职业**:各类企业的高级主管、总经理、企业主管、社会团体负责人、政治家等;投资银行家、风险投资家、股票经纪人、公司财务经理、财务顾问、经济学家、企业管理顾问、企业战略顾问、项目顾问、专项培训师等;律师、法官、知识产权专家、大学教师、科技专家等

二、兴趣与职业兴趣

诺贝尔物理学奖获得者丁肇中说过:“兴趣比天才重要。”我们也常说兴趣是最好的老师。那么,什么是兴趣?兴趣又是怎样产生、发展的?兴趣与人的职业选择有什么联系呢?

案例1

曹禺:兴趣指引他成为大家

我国著名的戏剧家曹禺在入中学前就热衷于看“文明戏”和京剧,也爱看地方戏和电影。他升入天津南开中学以后,成了南开新话剧团的演员。通过演戏实践,曹禺对戏剧产生了浓厚的兴趣,虽然他父亲希望他学医,但他的兴趣在戏剧上。中学毕业后,曹禺进入清华大学学习西方语言和文学,他的兴趣进一步发展,开始从事长篇小说和剧本创作。在大学的最后一年,他创作出了第一个剧本《雷雨》,后来成为我国著名的戏剧家。

兴趣是个体力求认识某种事物或者从事某种活动的心理倾向,表现为个体对某种事物或从事某种活动的选择性态度和积极情绪反应。通俗地讲,人各有所好,这个“好”就是兴趣。在诸多的事物中你优先注意什么,就是对什么有兴趣。它表明了你在生理或心理上的一种需要。如一个学生最爱上哪门课,最爱看哪类杂志,课余时间最喜欢做什么,对什么职业最喜爱甚至向往,这都是兴趣的一种表现。兴趣的形成并非与生俱来,而是通过人文环境的熏陶,逐渐发生、发展和培养起来的。由此可见,兴趣是一股无形的动力,对个体的个性形成和发展,对一个人的生活和活动有巨大的作用。当个人对某事物有兴趣时,会对它产生特别的注意力,对该事物感知敏锐、记忆牢固、思维活跃、情感浓厚、意志坚强。

兴趣的产生和发展过程一般要经历这样一个过程:有趣—乐趣—志趣。有趣是兴趣的初级阶段,是由于对某一事物好奇,而格外注意,因此产生兴趣。如看了一部小说,听了一次报告,参观了一个展览,观看了一项简单的发明创造等,都会使人激起对某种事物的兴趣。这种带有某种倾向性的对某一事物的认识即为兴趣的初级阶段。它往往短暂易逝,非常不稳定。乐趣是兴趣的第二阶段,是对感到有趣的事物有了逐步深入的认识,产生了参与意识。此时兴趣趋向稳定和专一,成为一种爱好,这是兴趣的中级阶段。在这一阶段,兴趣变得专一、深入。如喜欢看书的人,他上街时首先考虑的是进书店,或倾其所有,购买自己所喜欢的一些书籍。志趣是兴趣的第三阶段。当乐趣同社会责任感、理想信念、奋斗目标结合起来时,乐趣便成了志趣。志趣具有社会性、自觉性和方向性,是取得成功的根本动力。古往今来,大凡取得杰出成就、有所作为者,有哪一个不是志趣的结果?正是把自己的职业兴趣同事业的责任心结合在一起,凝聚成一股强大的力量,才会推动他们去披荆斩棘、勇往直前、孜孜不倦地工作而取得成功。

课堂活动2

兴趣岛游戏

你获得了一次免费岛屿度假的机会,唯一的要求是你必须和岛上的居民一起生活至少半年的时间。请不要考虑其他因素,仅凭自己的兴趣挑出你最想前往的岛屿,如表 2.2 所示。

表 2.2　兴趣岛

R:自然原始的岛屿	I:深思冥想的岛屿	A:美丽浪漫的岛屿
岛上自然生态保持得很好,有各种野生动物。居民以手工见长,自己种植花果蔬菜、修缮房屋、打造器物、制作工具,喜欢户外运动	有多处天文馆、科技博览馆及图书馆。居民喜爱观察、学习,崇尚和追求真知,常有机会和来自各地的哲学家、科学家、心理学家等交换心得	有美术馆、音乐厅、街头雕塑和街边艺人,弥漫着浓厚的艺术文化气息。居民保留了传统的舞蹈、音乐与绘画,许多文艺界的朋友都喜欢来这里找寻灵感
C:现代、井然的岛屿	E:显赫富庶的岛屿	S:友善亲切的岛屿
岛上建筑十分现代化,是进步的都市形态,以完善的户政管理、地政管理、金融管理见长。岛民个性冷静保守,处事有条不紊,善于组织规划,细心高效	居民善于企业经营和贸易,能言善道。经济高度发展,处处是高级饭店、俱乐部、高尔夫球场。来往者多是企业家、经理人、政治家、律师等	居民个性温和、友善、乐于助人,社区均自成一个密切互动的服务网络,人们重视互助合作,重视教育,关怀他人,充满人文气息

选择三个岛屿,把最想去的岛屿排在第一位,依次写下来。

职业兴趣是指人们对某种职业或工作所抱态度的积极性,是有关职业偏好的认识倾向。职业兴趣的建立与培养,是一个人从事某种职业并且取得一定成就的基础或前提。在这种兴趣促使下,人的各方面能力能够得到增强与发展,也能支持他(她)在困难环境下积极努力地开展工作,同时将增加个人的工作满意度、职业稳定性和职业成就感。

职业兴趣是个体努力工作的前提和动力,能够提高工作的效率。如果一个人对所从事的职业感兴趣,就会调动人的全部精力积极主动地去探索、思考,全身心地投入工作,促进能力的发挥,这样就会大大地提高工作效率。那么,如何认识自身的职业兴趣呢?我们可以使用职业兴趣测试,常见的有霍兰德职业兴趣量表、斯特朗-坎贝尔兴趣问卷、库德职业兴趣调查表、生涯评估量表、自我指导探测系统等,其中应用最广泛的是霍兰德职业兴趣量表。

第三节　职业能力与职业价值观

一、能力与职业能力

在我们生活的周围,常会听到这样一些话:“某某能力很强!”那么,什么是能力呢?它与职业之间存在怎样的联系呢?

(一)能力及其分类

能力,就是我们常说的“我能干什么?”是人顺利地完成某种活动所必须具备的那些心理特征。需要注意的是能力总是和人的某种活动相联系并表现在活动中，也就是说只有从人所从事的某种活动中才能看出他具有某种能力，比如绘画能力就要通过绘画活动才能看出来，音乐能力就要通过音乐活动才能看出来，等等。另外，某种活动的圆满完成又以具备一定的能力为前提。有时候为了顺利地完成某种活动，还需要多种能力有机组合，这时我们称之为才能。

对于个人来说，每个人的能力不同，有能力大小的差异，也有能力表现的早晚的差异，还有能力结构类型的差异，就如我们常说的有人聪明，有人愚笨，有人人才早熟，有人大器晚成，有人记忆力强但创造力弱，等等。

人的能力很多，根据不同的分类标准可以把能力分为如下几种：

①能力根据其倾向性可以分为一般能力和特殊能力。一般能力又称普通能力，是在许多基本活动中都表现出来，且各种活动都必须具备的能力，包括注意力、观察力、记忆力、想象力和思维能力等。特殊能力又称专门能力，是在某种专业活动中表现出来的能力，如计算能力、音乐能力、语言表达能力、空间判断能力等。

②根据能力在人的一生中的不同发展趋势以及能力和先天禀赋与社会文化因素的关系，可分为液体能力和晶体能力。液体能力（液体智力）是指在信息加工和问题解决过程中所表现出来的能力。如对关系的认识，类比、演绎推理能力，形成抽象概念的能力等。它较少地依赖于文化和知识的内容，而取决于个人的禀赋。晶体能力（晶体智力）是指获得语言、数学等知识的能力，它取决于后天的学习，与社会文化有密切的关系。

此外，根据参与其中的活动性质，能力还可以分为模仿能力和创造能力。

（二）能力与职业选择的关系

每个人能力不同，优势有别，反应在职业选择过程中，不同的职业对能力的要求也是不同的，对于会计、出纳、统计、工业药剂师等职业来说，工作者必须具有较强的计算能力；而对于与图纸、工程、建筑等打交道的工作，以及牙科医生、内外科医生等职业，又要求有较高的空间判断能力。因此，我们在职业选择中就要仔细分析自身能力结构，扬长避短，根据自己的优势选取合适的职业。

从能力差异的角度来看，在职业选择时应遵循以下原则：

1. 注意能力类型与职业相吻合

从能力差异的角度来看，人的能力类型是有差异的，即人的能力发展方向存在差异。职业也是可以根据工作的性质、内容和环境而划分为不同的类型的，并且对人的能力也有不同的要求，因而应注意能力类型与职业类型的吻合，充分发挥优势能力的作用。

2. 注意一般能力与职业相吻合

一般能力是在许多基本活动中都表现出来，且各种活动都必须具备的能力。不同的职业对人的一般能力的要求不同，有些职业对从业者的智力水平有绝对的要求，如律师、工程师、科研人员等都要求有很高的智商；智力在相当大的程度上决定着其所从事的职业类型。

3. 注意特殊能力与职业相吻合

特殊能力是在某种专业活动中表现出来的能力，要顺利完成某项工作，除要具有一般能力外，又要具有该项工作所要求的特殊能力。如从事教育工作需要有阅读能力和表达能力；从事数学研究需要具有计算能力、空间想象能力和逻辑思维能力；如法官就应具有很强的逻辑推理能力，却不一定要有很强的动手能力；而建筑工应有一定的空间判断能力，却不需要良好的语言表达能力。

案例2

困惑与反思

叶新宇已经大四了，很快就面临毕业找工作的问题：是找一份收入一般但稳定且福利好的工作，还是找一份薪水较高但挑战很大且极不稳定的工作？

程一鸣是叶新宇的同学，也在考虑找工作的问题。他看到表哥在一家外企工作，表面上风光无限，其实累得要死，加班到深夜两点是常有的事。

王玉婷，外语学院的学生，想到大学毕业后的前途她觉得很茫然。一方面，她觉得做一名翻译挺适合自己；另一方面，她又不满足于只给别人打工，希望能有自己的天地。从小她的心气就比较高，好强的性格促使她想去拼搏一番。不过，她又觉得四年的学习很没底。究竟将来能做到什么程度呢？能让自己满意吗？

鱼与熊掌，我到底要的是什么？

什么是好工作？

什么是最适合自己的工作？

在哪项工作中我能真正开开心心地投入并实现自己的价值？

二、价值观与职业价值观

（一）价值观及其分类

马斯洛的需求层次理论告诉我们，每个人的需求是不一样的，需求的层次也是不一样的。有人喜欢金钱，有人看重权力；有人注重实现自我的价值，有人却仅仅停留在生理需求的层面，如图2.1所示。

马斯洛晚年对需求层次理论进行了深化，在自我实现的基础上实现自我超越（见2014年世界图书出版公司北京公司出版的《人性能达到的境界》）。

著名心理学家赫兹伯格的双因素理论又告诉我们：员工的工作满意度取决于内外部激励因素之间的平衡。外部激励因素包括工资、工作条件、公司政策和晋升机会等满足生理和安全需求的因素（保健因素）。内部激励因素则包括承担责任的大小、所完成的工作类型、得到的认可和取得的成绩等（激励因素）。

以上这些需求就构成人行为的驱动因素，即价值观，如图2.2所示。

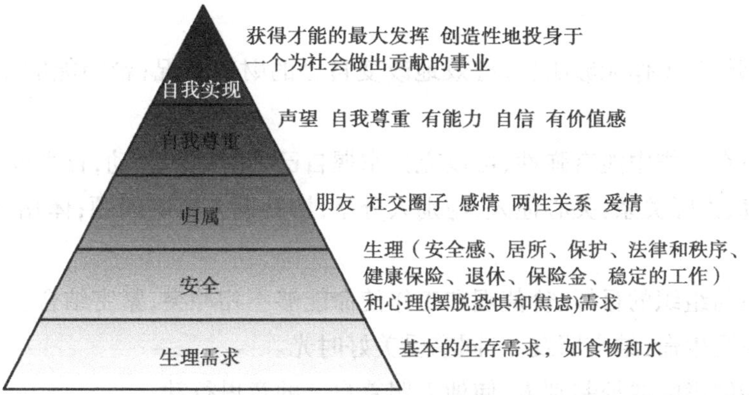

图 2.1　马斯洛的需求层次理论

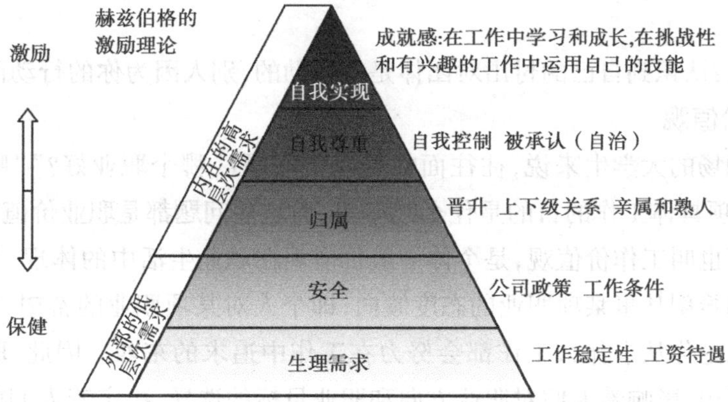

图 2.2　需求与驱动因素

价值观是我们在生活和工作中所看重的原则、标准和品质，是影响我们行为的核心因素，在哲学上属于世界观、人生观的范畴，在心理学上，则可以看作是一个人社会态度的重要组成部分。价值观涉及一个人行动的信仰和情感，指向我们内心最重要的东西，表达了一个人真正想要的，它是我们强大的内在驱动力，是自我激励的机制。

美国心理学家米尔顿·罗克奇（Milton Rokeach）在《人类价值观的本质》（*The Nature of Human Values*）一书中，提出了13种价值观：

①成就感：提升社会地位，得到社会认同；希望工作能受到他人认同，对工作的完成和挑战成功感到满足。

②美感的追求：能有机会多方面地欣赏周围的人、事、物，或任何自己觉得有意义的事物。

③挑战：能有机会运用聪明才智来解决困难，舍弃传统的方法，而选择创新的方法处理事物。

④健康(包括身体和心理):工作能够免于焦虑、紧张和恐惧;希望能够心平气和地处理事务。

⑤收入与财富:工作能够明显、有效地改变自己的财政状况;希望能够得到金钱所能够买到的东西。

⑥独立性:在工作中能有弹性,可以充分掌握自己的时间和行动,自由度高。

⑦爱、家庭、人际关系:关心他人,与别人分享,协助别人解决问题;体贴、关爱,对周围的人慷慨。

⑧道德感:与组织的目标、价值观和工作使命能够不相冲突,紧密结合。

⑨欢乐:享受生命,结交朋友,一同享受美好时光。

⑩权力:能够影响或控制别人,使他人照着自己的意思行动。

⑪安全感:能够满足基本的需求,有安全感,远离突如其来的变动。

⑫自我成长:能够追求知性方面的刺激,寻求更圆满的人生,在智慧、知识与人生的体会上有所提升。

⑬协助他人:认识到自己的付出对团体是有帮助的,别人因为你的行动而受惠许多。

(二)职业价值观

对于初涉职场的大学生来说,往往面临着以下问题:“哪个职业好?”“哪个岗位适合自己?”“从事某一项具体工作的目的是什么?”等等,而这些问题都是职业价值观的具体表现。

职业价值观也叫工作价值观,是个体一般价值观在职业生活中的体现,是个体对某项职业的价值判断和希望从事某项职业的态度倾向,即个人对某项职业的希望、愿望和向往。换句话说就是指无论你从事什么工作都会努力在工作中追求的东西。因此,职业价值观决定了人们的职业期望,影响着人们对职业方向和职业目标的选择,决定着人们就业后的工作态度和劳动绩效水平,从而决定了人们的职业发展情况。

不同的人会看重不同的价值观,不同的职业和工作会在不同程度上满足人们某方面的价值观。一般说来,工作越能满足我们的工作价值观,我们的工作满意度就越高。

要了解我们的职业价值观,一方面可以通过自己的生活史,弄清过去曾做过的职业生涯决定,追究其中的原因就可以了解到自己的职业价值观;另一方面就是通过价值观测试,常用的测试工具有罗克奇价值观调查表以及工作价值观调查问卷、奥尔波特价值观量表等。

以下是一个职业价值观测试,通过测试,你可以大致了解自己的职业价值观倾向。

本测试52道题,代表13项职业价值观,每题有5个备选答案(非常重要5分,比较重要4分,一般3分,不太重要2分,很不重要1分),要根据自己的实际情况或想法,选取一个答案,如表2.3所示。

表 2.3 职业价值观测试

序号	题目	答案				
		5. 非常重要	4. 比较重要	3. 一般	2. 不太重要	1. 很不重要
1	你的工作必须经常解决新的问题					
2	你的工作能为社会福利带来看得见的效果					
3	你的工作奖金很高					
4	你的工作内容经常变换					
5	你能在你的工作范围内自由发挥					
6	你的工作能使你的朋友非常羡慕你					
7	你的工作带有艺术性					
8	你的工作使你感觉到你是团体中的一分子					
9	不论你怎么干,你总能和大多数人一样晋级和加工资					
10	你的工作使你有可能经常变换工作地点、工作场所或工作方式					
11	在工作中你能接触到各种不同的人					
12	你的工作上下班时间比较随便、自由					
13	你的工作使你有不断取得成功的感觉					
14	你的工作赋予你高于别人的权力					
15	在工作中,你能试行一些你的新想法					
16	在工作中,你不会因为身体或能力等因素被别人瞧不起					
17	你能从工作的成果中知道自己做得不错					
18	你的工作经常要外出,参加各种集会或活动					
19	只要你干上这份工作,就不会再调到其他意想不到的单位或工种上去					
20	你的工作能使世界更美丽					

续表

序号	题目	答案				
		5. 非常重要	4. 比较重要	3. 一般	2. 不太重要	1. 很不重要
21	在你的工作中,不会有人常来打扰你					
22	只要努力,你的工资会高于其他同龄的人,或升级、加工资的可能性比其他工作大得多					
23	你的工作是一项绝对智力的挑战					
24	你的工作要求你把一切事情安排得井井有条					
25	你的工作单位有舒适的休息室、更衣室、浴室及其他设备					
26	你的工作有可能结识各行各业的知名人物					
27	在你的工作中,能和同事建立良好的关系					
28	在别人的眼中,你的工作是很重要的					
29	在工作中,你经常接触新鲜事物					
30	你的工作使你常常能帮助别人					
31	你在工作单位中,有可能经常变换工种					
32	你的作风使你被别人尊重					
33	你的工作单位的同事和领导人品较好,相处比较随意					
34	你的工作会使许多人认识你					
35	你的工作场所很好,比如有适度的灯光,舒适的座椅,安静、整洁的环境,宽敞的工作间,甚至恒温、恒湿等优越的条件					
36	在工作中,你为他人服务,使他人感到很满意,你自己也就很高兴					
37	你的工作需要组织和计划别人的工作					

续表

序号	题　目	答案				
		5. 非常重要	4. 比较重要	3. 一般	2. 不太重要	1. 很不重要
38	你的工作需要敏锐的思考					
39	你的工作可以使你获得较多的额外收入,比如常发实物,常购买打折扣的食品,常发紧俏商品的购物券,有机会购买进口货等					
40	在工作中,你是不受别人差遣的					
41	你的工作结果应该是一种艺术品而不是一般的产品					
42	在工作中,你不必担心会因为所做的事情领导不满意而受到训斥或经济惩罚					
43	在工作中,你能和领导有融洽的关系					
44	你可以看到你努力工作的结果					
45	在工作中常常要提出许多新的想法					
46	由于你的工作,经常有许多人来感谢你					
47	你的工作成果常常能得到上级、同事或社会的肯定					
48	在工作中,你可能做一个负责人,虽然可能只领导很少几个人,你信奉"宁做兵头,不做将尾"的俗语					
49	你从事的那一种工作,经常在报刊、电视中被提到,因而在人们的心中很有地位					
50	你的工作有数量可观的夜班费、加班费、保健费或营养费					
51	你的工作体力上比较轻松,精神上也不紧张					
52	你的工作需要和电影、电视、戏剧、音乐、美术、文学等艺术打交道					

以上52道题所代表的13种价值观如表2.4所示,做完以上测试之后请将相应测试题

目的分值填入表 2.4 的空白处，并将各项的分值相加。

表 2.4　测试结果

1. 利他主义	2	30	36	46
2. 美感	7	20	41	52
3. 智力刺激	1	23	38	45
4. 成就感	13	17	44	47
5. 独立性	5	15	21	40
6. 社会地位	6	28	32	49
7. 管理	14	24	37	48
8. 经济报酬	3	22	39	50
9. 社会交际	11	18	26	34
10. 安全感	9	16	19	42
11. 舒适	12	25	35	51
12. 人际关系	8	27	33	43
13. 变异性	4	10	29	31

从最高分和最低分的三项中，可以大致看出你的价值观取向，在选择职业时就可以加以考虑。各项价值观的具体说明情况如下：

①利他主义：工作目的和价值在于直接为大众的幸福和利益尽一份力。

②美感：工作目的和价值在于不断地追求美的东西，得到美的享受。

③智力刺激：工作目的和价值在于不断进行智力的操作，动脑思考、学习以及探索新事物，解决新问题。

④成就感：工作目的和价值在于不断创新，不断取得成就，不断得到领导和同事的赞扬或不断实现自己想要做的事情。

⑤独立性：工作目的和价值在于充分发挥自己的独立性和主动性，按照自己的方式、步调或想法去做，不受他人的干扰。

⑥社会地位：工作目的和价值在于所从事的工作在人们心目中有较高的社会地位，从而使自己得到他人的重视与尊重。

⑦管理：工作目的和价值在于对他人或某事物的管理支配权，能指挥或调遣一定范围内的人或事。

⑧经济报酬：工作目的和价值在于获得优厚的报酬，使自己有足够的财力去获得自己想要的东西，使生活过得较为富足。

⑨社会交际：工作目的和价值在于能和各种人交往，建立比较广泛的社会联系和关系，甚至能和知名人物结识。

⑩安全感：不管自己怎样努力，希望在工作中有一个安稳的局面，不会因为奖金、加工资、调动工作或领导训斥等经常提心吊胆、心烦意乱。

⑪舒适：希望能将工作作为一种消遣、休息或享受的形式，追求比较舒适、轻松、自由、优越的工作条件和环境。

⑫人际关系：希望一起工作的大多数同事和领导人品较好，相处在一起感到愉快、自然，认为这就是很有价值的事，是一种极大的满足。

⑬变异性：希望工作的内容经常变换，使工作和生活显得丰富多彩，不单调枯燥。

互动体验

价值观拍卖

一、活动目标

1. 帮助学生澄清自己的价值观。

2. 帮助学生了解自己的个性对行动力的影响。

二、游戏规则程序

1. 游戏前拍卖师公布本次拍卖会物品——“价值观项目表”。

2. 请大家猜想：若一万元代表你一生的所有时间和精力，你会花多少钱来买“价值观项目表”中的哪些项目？给大家三分钟，让大家在“价值观项目表”上进行估算。

3. 说明拍卖规则并进行现场拍卖。

4. 公布拍卖结果，进行思考与讨论，评出分数。

三、价值观项目表

表 2.5 价值观项目表

项　目	价值观	预估价格	成交价格
1. 做全世界最聪明的人	智慧		
2. 有一颗使人说实话的药丸	道德		
3 有一帮志同道合的知心朋友	友情		
4. 有个幸福的家庭	亲情		
5. 可以环游世界尽情享乐	愉悦		
6. 有机会完全自主	自主		
7. 有一屋子的钱	财富		
8. 有机会成为国家领袖	权力		
9. 被公司里的每个人所喜欢	认可		
10. 在世界上最美的地方有座别墅	财富		
11. 每天都过得很快乐	愉悦		
12. 有机会成为世界 500 强公司的老总	创业		
13. 成为公认的帅哥或靓女	审美		
14. 有机会健康地活到 100 岁	健康		
15. 成为某一领域的知名行业专家	知识		

四、反思问题

1. 你是否买到自己认为最重要的价值观项目?

(1)如果是,买到时的心情如何?

(2)如果不是,则因何故没有买到?没有买到的心情如何?

(3)你最想买的项目是什么?其背后隐含的价值观为何?为什么它对你而言那么重要?

2. 有些人什么都没有买到,为什么?

3. 参与拍卖活动时,你的心态怎样?

(1)你所买的项目是否都是自己喜欢的?还是在赌气或不得已的情况下买的?

(2)在拍卖的过程中,你的心情是紧张的?兴奋的?还是……

本章小结

中国有句经典名言:"人贵有自知之明。"充分、客观的自我认识是心理健康的基础,同时也是认识个人和社会关系的一个重要基础,更是选择职业的依据。

我们每个人都需要选择职业,每个人也都渴望成功,可很多人却并不清楚怎样去选择职业,更不清楚什么职业才是最适合自己的。本章力求通过对性格、兴趣、能力、价值观的探索和分析,帮助大家对自身形成一个清晰而全面的认识,在此基础上分析和了解自己想要做什么,能够做什么,追求的目标是什么?进而了解性格、兴趣、能力、价值观四者与职业选择的关系,最终对职业选择作出正确的定位。

思考题

1. 分析下列小说中的人物的性格特点,并在现代社会给他们找一份合适的职业。

人物1:鲁智深

人物2:张飞

人物3:王熙凤

人物4:薛宝钗

人物5:林黛玉

2. 列出五项你最感兴趣的活动,这些兴趣对你未来的职业选择有怎样的影响?

3. 在一分钟时间内尽可能多地写下自己所拥有的能力,具备这些能力可以帮助你进入哪些职业领域?

第三章　职业环境探索

[教学目标]

1. 了解工作、职业对大学生意味着什么。

2. 了解职业的基本概念，职业的分类和职业发展的趋势，找到明确的职业目标。

3. 学会认识周围的环境，分析环境因素中的资源优势和劣势，结合自身所具备的基本素质，营造良好的职业成长氛围。

[导入]

有人曾问三个砌砖工人："你们在做什么？"

第一个工人回答说："我在砌砖。"

第二个工人回答说："我在挣工资。"

第三个工人回答说："我在建造世界上最宏伟的房屋。"

据说后来，前两人一生都是普普通通的砌砖工人，而第三个人成了有名的建筑师。

这三名工人不同的回答，表明了他们对自己职业和所处环境的基本认识，第一个工人只看到自己眼前所做的事，机械简单地去完成；第二个工人把所做的事当作报酬的来源，仅仅是为了养家糊口；第三个工人则把所做的事情看成实现梦想的阶梯，看得长远，分析得到位。因此对工作的不同认知状况决定了个人职业发展的高度。为了个人能够更好地发展，我们对于职业的认识绝对来不得半点马虎，正所谓"知己知彼，百战不殆"，既要对职业进行深入的认识和了解，也要对职业环境的基本状况进行详细科学的分析。

第一节　职业概述

职业已经成为我们社会生活相当重要的组成部分。对于大学生来说，职业的概念还没有建立，对职业的认识还比较模糊，对于自己的职业发展和职业目标更是摸不着头脑。然而时代和社会的发展要求大学生必须要选择一份职业，并且要对这一职业有充分的了解和认识，因为只有这样大学生们才能走向事业的成功。

一、职业的定义

关于职业的定义没有一个准确的概念，不同的角度有不同的解释。在英文中，Occupation 和 Vocation 都叫职业，前者在社会分工上使用，应用范围较广；后者则侧重于个人意义。

按照词语的意思来看，“职业”是由“职”和“业”两个字构成的，所谓“职”即职责、权利、义务，“业”即业务、事业、行业，它揭示了个人与社会的关系。从这个角度上看，职业可以理解为承担了某种责权关系而从事的行业性、专门化的活动。从社会学的角度上来讲，职业是一个人的社会角色之一，是一个人的社会身份、社会地位、个人才能的重要参照系。

在《中华人民共和国职业分类大典》里，劳动与社会保障部明确规定了职业的五个要素：职业名称，工作对象、内容、劳动方式和场所，特定的职业资格和能力，职业所提供的各种报酬，工作中建立的各种人际关系。

综合各种关于职业定义的说法，这里把职业定义为人们为了谋生和发展而从事的相对稳定的、有收入的、专门类别的社会劳动，它要求劳动者具备一定的生活素质和专业技能。职业是一个具有社会内涵的概念，会随着社会生活的变化发生内涵上和形式上的变化，它从某种意义上具有社会经济学的意义，是对人们社会生活方式、经济状况、文化水平、行为模式、思想情操等方面的综合反映，也是一个人的权利、义务、职责的集中体现，是一个人社会地位的一般性表征。

二、与职业相关的概念

我们之所以没有清晰的职业概念就是因为我们常常把职业和职位、工作与事业混淆在一起，在此对职业相关的概念也作相关解释，方便大家进行区分。

（一）职位

职位是一个组织中个人所从事的一组任务，由一系列重复出现或持续进行的任务相伴随的一个工作单元组成。我们可以把它理解为我们习惯认为的岗位。例如，一个科室需要 8 名成员，那么就意味着有 8 个职位，这些职位可以是科长、副科长、科员等。

（二）工作

工作是指在一个特定的组织中，由一个或多个具有一些相似特征的人所从事的带薪职位。例如，一支足球队只有前锋、后卫等 11 个职位，但可以有许多名球员，每名球员从事的具体工作就是踢足球。

（三）事业

事业是指个人通过从事工作所创造出的一个有目的的、延续一定时间的生活模式。例如，黄渤是我们所熟悉的艺人，他做过驻唱歌手、舞蹈教练、配音演员等工作。2006 年因为出演《疯狂的石头》而成名。2015 年 6 月黄渤和孙红雷、黄磊、王迅、罗志祥等加盟东方卫视综艺真人秀节目《极限挑战》，虽然经历很丰富、很坎坷，但是他一直在从事着演艺事业。

职位、工作、职业、事业对我们每个人来说除了概念上的差异外，更多的差异在于我们对待具体从事工作的态度。我们可以从辛苦的工作中积累经验来寻求自己合适的职业，甚至创造自己的事业。我们也可以在每一天平凡的工作中创造不平凡的事业，这取决于我们的态度。

三、职业的作用

(一)从个人角度来说,职业具有的作用

①职业是个人获得经济收入的来源,是个人维持家庭生活的手段。

②职业是促进个性发展的手段,当个人从事的职业能使个人的特长、兴趣得到充分发挥时,也就促进了个性的充分发展。

③职业还是个人在社会劳动中从事具体劳动的体现,是个人贡献社会的途径。

④职业也是个人获得名誉、权力、地位和收入的来源。

(二)从社会角度来看,职业具有的功能

①职业的存在和职业活动构成了人类社会的存在和社会活动。

②职业劳动创造出社会财富,从而为社会的存在和发展奠定了物质基础。

③职业的分工是构成社会经济制度运行的主体,职业也是维持社会稳定、实现社会控制的手段。

④职业的运动如职业结构的变化、职业层次间矛盾的解决,也是推动社会进步的一种动力。

讨论

你的职业理想是什么?

四、职业的分类

职业分类是指在职业分析的基础上按照一定的标准对职业进行归纳和区分,以解释各类职业间的区别和联系的过程。

(一)按职业的性质分类

我国是最早出现职业和职业活动的国家之一。《春秋·谷梁传》写道:“古者有四民,有士民、有商民、有农民、有工民。”这是我国古人对职业的分类。1999 年 5 月,《中华人民共和国职业分类大典》(以下简称《大典》)正式颁布。《大典》按照工作性质统一性原则,对我国社会职业进行了科学划分和归类,分为 8 个大类,66 个中类,413 个小类,1 838 种职业。2015 年新版《大典》职业分类结构为 8 个大类、75 个中类、434 个小类,1 481 个职业。与 1999 年版相比,维持 8 个大类,增加 9 个中类和 21 个小类,减少 547 个职业。比较全面客观地反映了当时我国社会职业结构状况,是我国第一部对职业进行科学分类的权威性文献。

《大典》中按职业性质将职业分为 8 个大类,分别是:

第一大类:党的机关、国家机关、群众团体和社会组织、企事业单位负责人,其中包括 6 个中类,15 个小类,23 个职业。

第二大类:专业技术人员,其中包括11个中类,120个小类,451个职业。

第三大类:办事人员和有关人员,其中包括3个中类,9个小类,25个职业。

第四大类:社会生产服务和生活服务人员,其中包括15个中类,93个小类,278个职业。

第五大类:农、林、牧、渔业生产及辅助人员,其中包括6个中类,24个小类,52个职业。

第六大类:生产制造及有关人员,其中包括32个中类,171个小类,650个职业。

第七大类:军人,其中包括1个中类,1个小类,1个职业。

第八大类:不便分类的其他从业人员,其中包括1个中类,1个小类,1个职业。

(二)按行业类别分类

《国民经济行业分类》按行业类别,把我国职业分为20个门类,如表3.1所示。

表3.1 按行业分类表

编　号	行业门类
A	农、林、牧、渔业
B	采矿业
C	制造业
D	电力、热力、燃气及水生产和供应业
E	建筑业
F	批发和零售业
G	交通运输、仓储和邮政业
H	住宿和餐饮业
I	信息传输、软件和信息技术服务业
J	金融业
K	房地产业
L	租赁和商务服务业
M	科学研究和技术服务业
N	水利、环境和公共设施管理业
O	居民服务、修理和其他服务业
P	教育
Q	卫生和社会工作
R	文化、体育和娱乐业
S	公共管理、社会保障和社会组织
T	国际组织

（三）职业分类的意义

职业分类对于国家合理开发、利用和综合管理劳动力，提高劳动者素质，对于民族兴旺、国家昌盛意义重大。对于个人来说，明确了解职业分类，定位自我，做好自我职业生涯规划是成就自身发展的重要步骤。

①职业分类是一个国家形成产业结构概念和进行产业结构、产业组织及产业政策研究的基础，对于社会各个行业的发展具有重要意义。

②职业分类是开展就业指导的前提，科学的职业分类将为国家职业教育培训事业确定目标和方向。我国相继通过《中华人民共和国劳动法》和《中华人民共和国职业教育法》等法律法规从立法高度明确规定了国家确定职业分类，并以此指导职业教育培训工作和职业资格证书制度建设。这充分表明，职业分类在国家人力资源开发体系中具有重要的基础性地位。

③职业分类的发展也是职业自身发展的需要。职业分类的发展使得从业者了解社会职业领域的总体状况，增强人们的职业意识，促使从业者不断提高职业素质。

五、职业的特征

（一）职业具有技术性

职业的技术性包括职业本身的技术要求与个人可在职业岗位上发挥个人才能和专长两个方面。由于不同职业之间存在着差异，再加上随着技术的进步，经济结构的变动，每一种职业本身对于技术的要求也有所不同，因此，对从业者的知识和技能的要求也各有不同。

（二）职业具有经济性

职业的经济性即维持生存，从中取得收入。职业是获得个人收入的主要来源，是个人赖以生存以及维持家庭生活的手段。这是职业活动区别于其他劳动，如义务劳动、勤工俭学等的一个重要标志。获得报酬是人们从事职业活动的目的之一，也是支撑其完成其他活动的条件和基础。试想一个没有任何经济来源的人能在社会上从事其他的实践活动吗？

（三）职业具有社会性

职业的社会性，是指职业要人来承担，人从事了某种职业，也就参与了某种社会劳动，同时，也承担起了某种社会角色，因此，要尽社会义务。比如，法官既是一种职业，又是一个社会角色，就要承担起维护法律尊严、维护社会秩序的社会义务。对于社会而言，职业具有现实社会控制、维持社会运转、为社会创造财富的功能。

六、职业发展的特点及未来趋势

（一）职业发展的特点

职业作为社会发展的一个重要表现因素，呈现发展的、动态的演化特征。由于我国经济体制和政治体制的不断深化改革，以及社会经济结构、产业结构的变化，传统的职业种类不断消亡，新的职业种类不断出现。职业的发展深刻地反映着整个经济、人文、社会的发展变化，同时也随着社会的变迁在不同的时期呈现出不同的内容与形式。

从总体上看，当今职业发展呈现出以下几个特点：

①社会职业种类越来越多，新职业出现的频率逐渐加快。随着社会生产力的发展，社会化大生产的步伐逐步加快，社会的分工、职业的种类也会越来越多，现在的职业种类远远超过了“360 行”。中华人民共和国成立后，全国各种岗位的总和已经发展到 10 000 种左右。近年来，物流师、心理咨询师、人力资源师、项目管理师等各种新型职业不断涌现，发展迅速。

②职业分工由粗略到精细。以农业为例，早期农业单纯指种植业，后来随着生产力的发展，种植业又细分为粮食作物种植业、经济作物种植业、蔬菜瓜果种植业、烟草种植业等。再如建筑业，从原始的单一职业发展到房屋建筑业、路桥建筑业、地下建筑业、建筑设计业、装修业等。

③社会职业结构变迁的速度越来越快。从农业革命到工业革命经历了数千年，而工业革命到新的产业革命，用了 200 多年。电子行业从产生到发展成为一个主要行业，只用了几十年时间。

④职业活动的内容不断更新。同样的职业在不同的时代内容发生了变化。如设计院的工程师以前设计图纸时，使用图板、丁字尺、画笔，而现在运用 CAD 软件画图纸。再如邮政业，古代靠骑马传送邮件，而现在除了用飞机、火车、汽车等交通工具传送邮件外，还使用电话、网络、传真等手段传送信息。

⑤脑力劳动职业增加。随着教育、文化、科学技术等的发展，脑力劳动者逐渐多了起来。在我国，脑力劳动者和专业技术人员的比重也在不断增大。科学技术的日益发展和社会经济环境的深刻变革促进了人们谋生方式的多样化和去劳动力化，从事脑力劳动的人群所占的比例大大增加。据不完全统计，我国白领人员比例较 20 世纪 90 年代提高了近 50 个百分点。

⑥职业的专业化越来越强。若不具备一定的专业能力，达不到专业要求，则不能从事该职业。如现在的研究人员，不仅是研究者，还有可能是市场开拓者或是管理者。

⑦职业活动自由化。表现在三个方面：a. 职业活动场所自由化。如网上上班。b. 时间自由化。像记者、律师、设计师等，没有严格的上下班时间限制，以完成一定的工作任务为目标。c. 自由职业者。如自由撰稿人、作家等，他们没有具体的工作单位，以完成某项工作、任务的形式来履行职业职责。

⑧第三产业的职业数量大幅度增加。随着科技水平的提高，第三产业的职业数量大幅度增加，其就业人数在发达国家已超过 50% 。由于第三产业所具有的就业容量大、流动性大及弹性高的特点，将会吸引更多的大学毕业生从事第三产业的职业。

⑨职业呈综合化、多元化发展趋势。随着生产社会化程度的提高，职业与职业之间交叉延伸，出现了社会性职业需求。职业因此呈现综合化、多元化趋势，打破了以往每种职业自

身相对固定的范围界限。过去传统职业组成的一人一岗、一人一能强调专业化的工作形式,逐渐被现在一人多岗的综合型、复合型的形式所代替。就从业者来讲,管理人员既要懂管理,又要懂生产过程;技术人员既要会动脑设计,又要会动手操作,做到"一肩挑"。从生产单位来讲,很多企业为了竞争和生存,变成一业为主,兼营他业,经营呈现系列化、跨业化、综合化、多元化形式,自然需要既专又博、既精又深的复合型劳动者。

(二)职业发展的未来趋势

1.影响职业发展的因素

职业的发展与变迁有一定的规律可循,如果我们掌握了职业发展的科学规律,就可以把握其变化发展的基本趋势。从总体来看,职业演变受到四个因素的影响。

①生产力发展水平是决定和推动职业发展的根本原因。生产资料、生产工具和掌握生产技术的劳动者都是生产力的组成部分。人们通过不断改进生产工具,开发生产资源,提高生产技术和生产组织管理水平,从而推动了生产力的发展,也推动了社会分工的变化,因此促进了职业的发展。

②科学技术的发明与广泛运用,是现代职业迅速演变的重要原因。当一个新的科技发明直接应用于生产或为人们生活服务时,必须与新材料、新工艺、新技术、新的经营管理相联系,同时也必然开发出相应的新职业。

③社会制度和管理制度的变革,促进了一些职业的演变。有的职业消失,有的职业新生,有的职业由盛转衰,有的职业由衰转盛。

④人们物质文化生活水平的提高,会促使直接为其服务的职业的产生和发展,如近年来发展迅速的服饰业、保健业等。

2.未来职业发展的趋势

随着改革开放的进一步深入,社会主义市场经济将不断成熟,职业发展将出现就业自主化、知识资本化、工作多元化、资源流动化、工作国际化等特点。大学生毕业后将面临职业的挑选,了解未来职业发展的趋势对作出正确的职业选择有着重要的意义。根据职业发展的新特点,我们对未来朝阳职业进行了预测:

①以人才紧缺程度来定位的朝阳产业。在经济发展的过程中,由于产业结构的调整或重大经济发展契机的出现,往往会使某些行业出现人才紧缺的情况,从而带动相关职业的发展,使其成为朝阳职业。根据国家人事部门的有关统计,我国今后几年急需的人才有以下八类:高新技术人才(以电子技术、生物工程、航天技术、海洋利用、新能源新材料为代表)、信息技术人才、机电一体化专业人才、农业科技人才、环境保护技术人才、生物工程研究与开发人才、国际经贸人才、律师人才。

②以社会不同领域对人才的需求来定位的朝阳产业。根据国家有关部门统计,在不同的领域,以下专业的毕业生更受欢迎。流向国家机关的前十个专业:法学、经济学、侦察学、国际经济法学、英语、会计学、国际贸易学、行政管理学、行政法学、临床医学;流向高校任教

的前十个专业:英语、体育、教育学、临床医学、计算机及其应用、计算机科学与技术、通信工程、建筑学、运动训练、法学;流向国家科研部门的前十个专业:建筑学、通信工程、建筑工程、机械工程、自动电子工程、计算机科学与技术、计算机应用、计算机自动化、电气工程及自动化、工业自动化;流向国有企业的前十个专业:会计学、计算机、通信工程、建筑学、建筑工程、机械设计与制造、工业自动化、电气工程及自动化、电力系统自动化、机械电子工程;流向金融单位的前十个专业:国际金融学、货币银行学、会计学、计算机及应用、投资经济、经济法学、经济学、信息管理、保险学、国际贸易学;流向三资企业的前十个专业:会计学、计算机科学与技术、机械工程自动化、通信工程、英语、计算机应用、国际金融、电气工程、市场营销、机械设计与制造;出国留学受欢迎的前十个专业:化学、计算机科学与技术、英语、国际金融、生物化学、应用物理学、国际经济学、无线电技术学、信息学、计算机。

③以职业声望来定位的朝阳职业。社会性是人的重要属性,人们总是倾向于从事社会地位高的职业。职业声望是一定时期人们职业价值观的具体体现,因此也在一定程度上反映了一个职业是否为朝阳职业。

④根据招聘广告或人才市场的供需状况来看朝阳职业。人才需求多的专业通常也是求职人数多的专业。一般而言,可以某种职业在市场供求中出现的频率高低来确定它是否是朝阳职业。

第二节　职业环境

随着高等教育从“精英教育”时代到“大众教育”时代的转变,人才市场的竞争日趋激烈,社会的人才需求和大学生所处的职业环境发生着翻天覆地的变化。新的职业需求不断涌现,激发着新型职业的产生,传统的职业结构和职业素质都受到了社会深刻变革的影响。职业环境的变化不得不引起大学生的高度重视,如果大学生不正确认识这一趋势,势必会影响自身的职业发展。

故事与思考

两个人在森林里,遇到了一只大老虎。A 赶紧从背后取下一双更轻便的运动鞋换上。B 急死了,骂道:“你干吗呢,换鞋也跑不过老虎啊!”A 说:“我只要跑得比你快就好了。”经济全球化的背景下,我们面临许多变数,当更多的老虎来临时,我们有没有准备好自己的“跑鞋”?

职业生涯名言

在职业生涯发展的道路上,重要的不仅是你现在所处的位置,还有你迈出下一步的方向。人是环境下的产物,成功环境,创造成功人生。

一、探索职业环境的重要意义

①大学生的自我认识(如自我的人格、兴趣、职业倾向等),只有与外部职业环境认知充分结合,才能制订出较为切实可行的职业目标和计划。自身的发展变化要赶得上环境发生的变化才能够顺应潮流的发展,随机应变,抓住机遇。

②了解职业和职业环境,才能懂得如何通过自身的修养不断提高自己的职业道德素质。现在有很多大学生毕业就等于失业,找工作面临着极大的挑战,可能这些学生在学校里的表现并不是特别差,但是为什么会得到这样的结果呢?原因在于对于社会和企业要求的基本职业道德素质并没有成为他们大学期间的必修课,在走上社会后自身修养的不足给他们寻找合适的就业机会、寻求职业发展制造了屏障。

③了解职业和职业环境,懂得如何融入企业文化,从而发挥出自己的最大才能。现代企业制度非常重视一个企业的积累和沉淀,注重打造企业独特的文化内涵,如果大学生不了解职业环境的文化需求,还仅仅停留在“学好数理化走遍天下都不怕”的固定思维里,没有一定的文化沉淀,那么融入企业将难上加难。

④了解职业和职业环境,才能结合适合自己的职业塑造职业形象。现代社会在注重个人自身基本素质的同时,也要求个体具备较好的职业形象。了解我们所处的社会环境、企业环境,不同场合对职业形象的要求,将自己的职业素养通过良好的职业形象表达出来,有助于自身在职业环境中更好地发展。

⑤了解职业和求职就业环境,能够拓宽视野,掌握必要的就业政策和就业策略,增强参与就业竞争和承受就业挫折的能力,确立高尚的职业理想,树立正确的择业观念,培育健康的就业心理,正确地选择职业,成功地走向社会。

二、探索职业环境的方法

(一)通过网络资源了解职业环境

现代社会网络极其发达,充分利用网络资源是进行职业探索的主要方法之一。

(二)利用各种实习机会了解职业环境

实践出真知,通过寻求各种实习机会,在实践中探索职业环境更为直接和可靠。

(三)经验交流

参加各种讲座,与企业的工作人员、HR 等进行面对面交流,或是朋辈间的交流,有助于资源共享。

(四)职业咨询

目前我国职业咨询类服务才萌芽,进行职业咨询成为新鲜事物之一。向专业人士寻求帮助,走出求职择业的误区与困惑更为实际。

三、对社会环境的认识

大学生就业与社会发展紧密相连，了解社会经济发展的趋势，洞悉我国当前的政治环境、经济环境、就业机制、就业政策等能够帮助大学生拓展视野，从更高层面、更宏观的角度思考就业问题，能够帮助大学生明确就业方向，实施就业计划。

（一）国家关于大学生的就业政策

中华人民共和国成立以来，我国关于大学生的就业政策经历了不同的历史发展阶段。自改革开放以来，为适应我国社会主义市场经济体制的深化改革和发展，大学生的就业政策不断发生变化，日趋完善。《普通高等学校毕业生就业工作暂行规定》的颁布是对高校就业工作规范化管理的转折点，为了开阔大学生就业眼界，帮助大学生树立更加科学的就业观念，同时争取就业资源的合理分布，“大学生志愿服务西部计划”“三支一扶计划”“农村义务教育阶段学校教师特设岗位计划”等就业计划相继施行，大学生就业指导已经开始呈现导向化、规范化趋势。对于面临求职的大学生来说，只有了解国家的就业政策，从宏观上对就业制度和就业市场需求有所了解和认识，才能有效进行就业行为。

（二）国家经济形势

经济发展形势直接影响行业、职业发展的整体状况，国家总体经济形势的发展形势也会对人才需求产生直接的影响，区域经济发展的不平衡性和特色性也会影响各地各行业对人才的需求。

对每一个大学生而言，必须掌握国家总体经济形势和区域经济形势的发展变化，有助于科学决策，制订合理的职业发展计划。十八届三中全会提出的改革目标是我国经济发展的总纲领，根据这个总纲领所出台的一系列经济发展计划就是我国经济发展的形势大纲，我们要认真研究领会。同时，各地区、各区域为了发展经济，也相应地制订了不同的经济发展战略。如何在全面竞争、各有特色的经济发展大潮之中找到自己发展的目标和方向，成为我们合理规划自己职业道路的首要之义。

针对国家经济发展和区域经济发展的战略，我们面临多种选择。作为大学生，应该在在校期间就熟悉和了解这些战略计划，积极对照自身寻找凝聚核心竞争能力的资源，主动适应社会经济发展的趋势。在选择就业地域和目标时，可以考虑以下几个因素：

①个人价值理念（能否实现个人的理想和价值）。

②地区人才环境（包括对人才的重视和培训情况，人才的使用和发展机会情况）。

③地区经济环境（经济发展的现状和趋势，基本生活医疗设施、消费水平、收入水平和生活环境状况）。

④行业发展情况（是否有自己感兴趣的行业，行业的社会地位、发展前景）。

⑤家庭环境因素（是否有因为家庭需要特别考虑的地域因素，如照顾家人等）。

（三）用人单位的需求情况

用人单位的需求信息，就像股市大盘的走向，成为观测经济的“晴雨表”。

用人单位的需求是随着市场变化和单位发展侧重点而动态变化的，这与四个方面的因素有关。第一是用人单位自身发展对人才的需求；第二是人才供给情况，如果大学生供给充足、质量高、提出的要求低，有些用人单位就会提前对人才进行储备；第三是用人单位人力资源观念的转变，对已有人力资源的重视、开发和利用将在很大程度上影响用人单位的人才需求数量和结构；第四是相关政策的制约或促进，国家为推动大学生就业，制定了一系列政策，有的政策是面向大学生的，有的政策是面向用人单位的，鼓励用人单位创造条件多接纳、聘用大学生。

由于大学生在校时间较多，与用人单位相比，掌握的就业信息较少，而且接收信息的时效性比较差，因此，大学生对用人单位的需求特点和需求数量并不是特别了解，对就业形势缺乏准确的判断。因此，大学生要注意每年高校就业指导中心发布的学生就业状况分析数据，这是大学生了解自己“市场行情”的重要渠道。另外，毕业生也要及时通过学校和社会机构的就业信息，分析市场需求状况，及时准确地作出判断和决定。

（四）就业市场上的毕业生供给情况

改革开放 30 多年来，随着我国经济的发展，经济总量越来越大，各方面对人才的需求也越来越强烈。1999 年全国教育工作会议结束后，在国务院的直接推动下，高等学校开始大幅度地扩大招生规模。1999 年扩招 51.3 万人，2000 年扩招 60.9 万人，2001 年扩招 29.4 万人；到了 2012 年，我国的毛入学率超过了 25%，在校生规模达到了 3 000 万人，这标志着我国高等教育进入了大众化阶段。在这种情况下，我国高等院校每年向社会输送的大学生越来越多。从 2009 年的 611 万人到 2010 年的 630 万人到 2011 年的 660 万人再到 2012 年的 680 万人，每年以二三十万人的规模在递增，2015 年大学毕业生数量达到了 749 万人。按照我国经济增长8% ~9% 的速度计算，我国每年可新增 800 万人就业岗位，加上补充的自然减员，我国每年可新增就业岗位 1 000 万 ~1 100 万个。但是自 2006 年以来 16 岁以上人口增长已达到峰值，劳动力资源增员增量每年有 1 700 多万人，其中城镇新增劳动力 900 万人，下岗待业人员不少于 460 万人。城镇登记失业人员有 840 多万人，按政策需在城镇安排就业的退伍军人和农村劳动力 300 多万人，自 2007 年及以后几年每年全国各城镇安排就业总量为2 500多万人，但社会能够提供的就业岗位只有 1 000 万 ~1 100 万个，劳动力供大于求的缺口达到了 1 400 多万人。

这些数据充分表明当前大学生的就业形势是严峻的，高校毕业生逐年大幅度增多造成了较大的就业压力，表面上出现了供大于求的现象，但这并不能说明大学生多了。来自权威部门的消息称：中国目前仍然是人才奇缺的国家。根据国家统计局 1996 年的统计，中国受过高等教育的人数仅占全国人口的 3%，连北京这样全国人才密集的地区也刚达到人口总数的 13%，比起发达国家 30% ~50% 的比例还有很大差距。尽管 1999 年我国高等教育开始实行扩招政策,但是这一比例并没有提高很多。由于各行各业都需要大学生去补充,提高职工文化素质和水平,因此,中国目前并不存在大学生多得用不完的问题。造成就业难的主要原因:一是随着我国产业经济结构的调整,许多传统产业部门如今都面临着一个"下岗分流、减员增效"的问题。二是由于政治体制的改革,我国正朝着"小政府、大社会"的方向上调整,部分国家机关原有的职能部门被裁并,这些都是传统意义上吸纳毕业生的主渠道。而且社会对毕业生的学历层次的期望值越来越高,毕业生的能力素质与用人单位的要求也出现了差距。三是部分毕业生个人就业期望值居高不下,仍把自己当成"天之骄子",心态没调整好。大学生就业大多集中在经济发达地区、高薪部门,愿意到欠发达地区工作的较少,其中广州、北京、上海、深圳是应届大学生的首选工作城市。有一项对3 000名高校毕业生的调查表明,首选到北京工作的高达74.8%,首选去西部的仅有2%。这些毕业生的收入渴望值是每月2 000~4 000元,低于2 000元不会考虑。这样就造成了重东部、轻西部,重高层、轻基层的不合理分布。如果大学生就业空间分布合理的话,就业问题就不会如此严峻或者根本不存在就业难的问题。

四、对组织环境的认识

(一)用人单位的分类

目前,我国社会处在重要的转型时期,这也是一个就业市场格局重新划分的过程,可以按大的方面对各种用人组织进行归类,如图3.1所示。

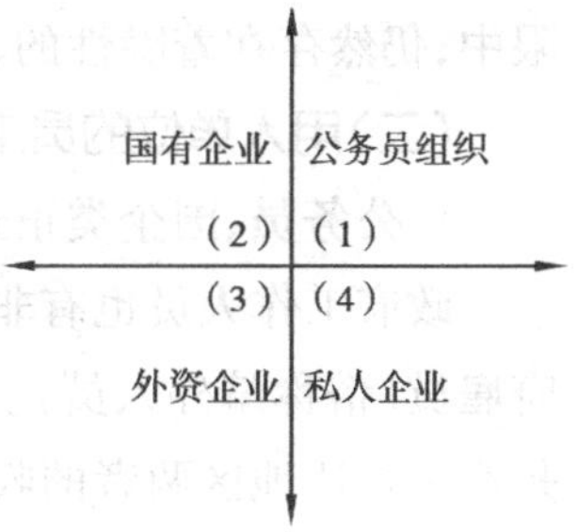

图3.1 用人组织象限图

我国几乎所有的用人组织都可以在上述归类中找到位置。在求职时,首先要明白的是,应聘的公司(单位)到底是属于哪个象限的。不同的象限拥有的资源是不一样的,这在很大程度上决定了你的事业发展方向和高度。在你选择职业之前,一定要清楚地了解这些知识。

1. 行政事业单位

目前,在我国,社会资源高度集中在行政事业单位手中。但是不同的地区,由于社会财富水平不一样,因此行政事业单位的收入有一定的差距。重点在于这类职业稳定性强,社会福利较好。

2. 国有企业

一说到国有企业(以下简称"国企"),很多人马上想到下岗。然而,实际情况并不是这样的。首先,解雇员工不是国有企业独有,大量的私人企业每年也在解雇员工,并没有任何人给被解雇的员工补偿、安置。同时,也不是所有的国企效益都不好,都需要下岗。从经济角度来看,首先要看谁拥有资源。例如电信、银行、石油等行业中的大型国企效益都比较好。在20世纪90年代初,国企大量存在,民营企业力量非常微弱,而国企长期的低工资、高福利政策,使得闸门打开后第一批进入市场经济的人尝到了"高"工资的甜头。在20世纪90年代末,以2000年为分界线,时局发生了明显的转变。在抓大放小的政策下,垄断行业的国企迅速利用拥有的资源做市场经济,获得了大量的利润。当前阶段,以2005年为分界线,则又是另外一个崭新阶段的开始,垄断国企将出现分化,具体发展的预测比较复杂。

3. 外资企业

外资企业是指依照中华人民共和国有关法律在中国境内设立的全部资本,不包括外国的企业和其他经济组织在中国境内的分支机构。

4. 私人企业

私人企业尚没有成为中国经济的主力,占有资源较少。在完全竞争的行业里,主要是发展比较早的一些私人企业做大了,比如联想、华为、苏宁电器、蒙牛、民生银行、阿里巴巴等,这些企业拥有一定的力量,而大量的私人企业在市场竞争中的表现各不相同。由于职业保护的法律不够健全和完善,私人企业员工在职场上也容易成为弱势群体。

在进行职业选择时,首先要确定所应聘的组织(单位)处于哪个象限,象限属性很大程度上决定了你以后可能获得的职业发展机会。其次,仅仅看哪个象限还不够,因为在同一个象限中,仍然存在着隐性的、人为因素造成的差别。

(二)用人单位的员工差异

1. 公务员、国企类正式员工和非正式员工的差异

政府工作人员也有非正式员工。政府工作人员分为两类:国家正式编制的公务员和政府雇员(俗称编外人员)。在某些地方,特别是经济欠发达地区,这两者的收入差距不大,越是经济发达地区两者的收入差距就越大。政府雇员要转为国家正式编制的公务员,有较大难度。因此,即使是被政府单位或者国有企业接收,也要弄清楚工作岗位究竟是有编人员还是政府雇员(聘任制员工)。

2. 外企类内陆员工和非内陆员工的差异

在外企,差别主要体现在内陆员工和非内陆员工之间。内陆员工工资一般是非内陆员工的1/10~1/5。即使是这样,和其他人相比,这个工资水平也是相当不错的。虽然外企工作的压力、强度和流动性都比较强,但是收益和风险成正比。

外企招聘非内陆员工主要有三个原因:第一,需要一些经验丰富的人来管理;第二,需要一些精通外语的人来管理;第三,需要一些具有国际视野的人来管理;第四,需要一些熟悉市场规划的人来管理。

3. 私企类股份制员工和非股份制员工的差异

在私企,差别主要体现在股份制员工和非股份制员工之间。股份制员工主要是那些使用股份来吸引人的企业中才有,主要是最初创业阶段加入的员工。例如,华为公司就有相当多的股份制员工。非股份制员工则是那些后来加入的员工,或者是那些很早加入但对公司没有什么资源投入的员工。在经过了创业阶段以后,企业一般就不再需要用股份来吸引员工了,招聘主要就是填补“战斗减员”。

同时也应该注意，创业型企业失败的概率是比较大的。当你决定去私企前，一定要了解清楚是哪一类企业，企业的发展前景怎样。

五、对学校环境的认识

学校是培养大学生专业技能、提高大学生社会实践的主要场所，学校的学科和专业结构、人才培养模式、毕业生就业机制等都将影响大学生的就业水平。可以说，大学教育直接影响着大学生的职业倾向和职业生涯。很多学校为追求所谓的经济利益而忽视了对自身办学软硬件的改善，同时加上教育资源分配的不公，致使很多高校的某些专业在学生报考时存在扎堆现象，这种扩招在一定程度上影响了高校的教育质量。而职业环境的变化在高校的专业设置方面并没有得到有效的应对，这使得很多学校的教育模式经受着很大的考验，因此大学生在规划自身职业生涯时必须详细考察学校环境。

（一）学校效应

用人单位在选择人才时，考虑人才的毕业院校，主要基于两个原因：一是精力有限，不可能在所有高校进行校园招聘，于是将目光锁定在少数几所高校，而且在他们看来，通过在少数高校进行招聘，可以招聘到本单位所需要的人才；二是基于人才的使用评价，通过对前期所招募的人才能力评估和实际表现，用人单位认为这些高校培养出来的毕业生普遍具有较高的综合素质与能力。

从我国高校的层次布局来看，当前我国高校可分为四类：一是“985 工程”学校。一期共 34 所，二期共 5 所，其目的就是建设若干所世界一流大学和一批国际知名的高水平研究型大学。二是“211 工程”学校。这类学校目前有 125 所，其目的是为建设 100 所左右的高等学校和一批重点学科、专业。这类高校是中国高等教育的重要力量，它们中的绝大多数属于国家级或者省级重点本科第一批大学。三是一般本科院校。这类院校分布于各省区市，为推动地方经济发展输送了大量人才。民办院校是三本院校中的重要力量，它是当前中国高等教育的组成部分，解决了中国高等教育扩招所带来的办学资金供给不足的问题，同时也满足了大多数高中生的升学愿望。四是专科院校（职业技术学院）。这类院校主要是为国民经济建设培养各种中高级专门人才。

从近几年的就业情况来看，大学生供需比、就业率，与学校所处层次、学校的社会影响力有着很大的关系，我们可称之为“学校效应”。与此同时，在同一层次学校中，也因办学特色、办学历史、人才培养质量等因素，而产生品牌的差异。比如 2011 年，在欧洲爆发的欧债危机导致全球经济不景气，我国东南沿海一带外向型产业纷纷停产和倒闭，对某些专业的就业产生了一些影响。

（二）专业效应

根据教育部公布的最新版《学位授予和人才培养学科目录（2011 年）》，我国高校专业设置共有 13 个学科门类和 110 个一级学科，除去军事学专业，目前这些专业设置与我国国民经济建设的联系非常密切。由于我国各地方经济发展的不均衡,各行各业对于专业人才的需求情况亦不尽相同,比如说工科类专业就业现状要明显好于人文社科类专业就业状况,应用类专业要明显好于纯理学类专业,特别是在民办高校,一所学校的招生情况往往可以反映出该校的毕业生就业状况。

当前专业需求的冷热不均,在就业市场上人所共知。即便是同一所学校的不同专业毕业的学生,由于社会行业发展的不平衡,用人单位的需求也会有所不同。社会对某些专业毕业的学生需求较小,毕业生供大于求,比如法律专业、物理专业、历史专业等;而另外一些专业,由于行业发展对人才构成有较大的需求,在就业形势比较严峻的情况下,培养出来的毕业生依然保持较旺的势头,比如地质专业、测绘专业、珠宝专业、物流专业、营销专业等。

从当前我国就业市场的毕业生就业情况来看,理工类、艺术设计类、交叉类学科毕业生的就业率要远远高于人文社科类、纯理科类毕业生的就业率,这是由于行业发展不均造成的。某一行业发展较慢,需要吸收的人才较少,因此造成总体需求量小;或者某一行业受到某些社会因素的冲击,当年的发展受到限制,于是压缩人才的需求。比如2007年8月席卷欧美国家的次贷危机使中国对外出口受阻,从而导致东南沿海一带的向外型企业,比如制造业、物流、远洋航运等产业受到极大影响,相应地,这些行业减少了对大学生的需求,这样使得高校培养的物流专业、航运专业的毕业生就业面临着很大的困难。

表3.2和表3.3分别列出了2012年中国大学毕业生“红黄绿牌”本科专业和高职高专专业。

表3.2　2012年中国大学毕业生“红黄绿牌”本科专业

红牌专业	黄牌专业	绿牌专业
动画	计算机科学与技术	地质工程
法学	艺术设计	港口航道与海岸工程
生物技术	美术学	船舶与海洋工程
生物科学与工程	电子信息科学与技术	石油工程
数学与应用数学	公共事业管理	采矿工程
体育教育	信息管理与信息系统	油气储运工程
生物工程	工商管理	矿物加工工程
英语	汉语言文学	过程装备与控制工程
国际经济与贸易		水文与水资源工程
		审计学

表 3.3 2012 年中国大学毕业生“红黄绿牌”高职高专专业

红牌专业	黄牌专业	绿牌专业
临床医学	计算机网络技术	道路桥梁工程技术
法律文秘	计算机信息管理	生产过程自动化技术
计算机科学与技术	物流管理	应用化工技术
国际金融	商务英语	焊接技术与自动化
工商管理	会计电算化	楼宇智能化工程技术
法律事务		供热通风与空调工程技术
汉语言文学教育		
计算机应用技术		
电子商务		

根据麦克思研究院发布的就业蓝皮书《2012 年中国大学生就业报告》,可以看到 2012 年本科就业红牌专业包括:动画、法学、生物技术、生物科学与工程、数学与应用数学、体育教育、生物工程、英语、国际经济与贸易。2012 年高职高专就业红牌专业包括:临床医学、法律文秘、计算机科学与技术、国际金融、工商管理、法律事务、汉语言文学教育、计算机应用技术、电子商务。以上专业与 2011 年的红牌专业基本相同,表明就业不好的专业具有持续性,这些专业失业量较大、就业率低,且薪资较低。部分红牌专业是供大于求造成的;部分红牌专业,如计算机类是人才培养质量达不到产业的要求造成的,一方面应届毕业生找不到专业岗位,一方面企业招不到合适人才。

2012 年本科就业绿牌专业包括:地质工程、港口航道与海岸工程、船舶与海洋工程、石油工程、采矿工程、油气储运工程、矿物加工工程、过程装备与控制工程、水文与水资源工程、审计学。2012 年高职高专就业绿牌专业包括:道路桥梁工程技术、生产过程自动化技术、应用化工技术、焊接技术与自动化、楼宇智能化工程技术、供热通风与空调工程技术。以上专业与 2011 年的绿牌专业相同,这些专业的社会需求旺盛、就业率持续走高、薪资走高。

用人单位的需求在不同的学校也表现得不均衡,由于“学校效应”的存在,不同学校同一专业的就业形势也有很大的差距。名牌和有培养特色的学校往往会把用人单位吸引过去,于是这些用人单位把不多的市场需求投放在这些学校。比如深圳、广州的珠宝公司常跑到一些民办高校挑选珠宝专业人才。当然,“热门”专业也具有相对性,有些专业,与某所学校联系在一起会成为热门专业,而在另一所学校也许是一般专业甚至是冷门专业。

六、对家庭环境的认识

家庭环境对人的成长影响非常大,甚至会影响个人工作和事业的发展。个人职业发展规划的确立总是同自身的成长经历和家庭环境相关。个人在成长过程中,会根据自己的成长经历和受教育的情况不断调整、修正,并最终确立职业理想和职业规划。对家庭环境的了解和分析主要包括以下几个方面:家庭社会关系、家庭生活环境、家庭经济状况、家庭所处地域和家庭成员健康状况等。

家庭环境作为大学生就业重要的外部环境,它从整体和个体两个层面影响着大学生就业和职业发展。

(一)整体层面

整体层面主要是指家庭方面的因素对大学生总体就业水平产生的影响。父母的看法,家庭中长辈的看法,家庭中所拥有的社会资源,家庭经济条件的差别都会影响学生就业的选择。民办高校学生家庭经济情况总体较好,父母对孩子的关爱主要体现在对孩子物质生活的满足上,对学生的发展视线集中于成绩的好坏上,对学生实践能力的锻炼和择业指导较为忽视,因此学生没有作决断的基本素质,依靠家庭帮助来安排未来,在择业过程中显得比较迷茫、混乱,对择业过程中出现的困难与挫折抵抗能力比较差,认识能力比较差。因此,民办高校学生家庭环境对学生就业的影响是比较大的,学生要学会在考虑家庭环境因素的同时,结合自身发展的目标,尽快确立自己的职业方向,避免受到家庭因素的过多影响。当然在一定情况下,充分利用家庭环境中的有效资源,结合自身发展的有利条件,恰当地确定自己的职业目标也是可取的。

(二)具体层面

具体层面主要指家庭对大学生就业方向、就业途径和就业方式等方面的具体影响。学生“来源地”在很大程度上反映了学生家庭背景和经济状况,也反映了学生成长的社会环境。以这方面因素为自变量所进行的重点考察表明,尽管这方面的因素对大学生就业的整体水平影响不大,但在求职的具体过程中的作用却表现得非常明显。就择业标准而言,据2011年调查数据显示,来自大中城市的学生对于地域的重视程度明显高于来自中小城市和农村的学生,相应的百分比分别为2.58%,22.20%和17.45%。来自大城市的学生对于薪酬的要求也普遍高于中小城市和农村的学生,他们的工资起点大多集中在2 000元以上,占36.49%,而来自中小城市和农村的学生的工资要求则集中在1 000~1 500元,分别为38.14%和37.76%,提出在2 000元以上的仅为两成多。就择业的方式和途径而言,来自大城市的学生倾向于从社会关系网络方面来寻找出路,其中有51.29%的学生认为家庭和社会关系是最有效的途径,而来自中小城市和农村的学生则重点依托于学校的推荐,相应的比例都在四成以上。

本章小结

大学生作为即将进入社会的完全社会人,了解自身所处的社会环境、政治环境、经济环境、就业机制等问题对扩大职业视野，从更高的层面、更宏观的角度思考就业问题有着极其重要的作用。当前，我国进入了更进一步深化改革的重要阶段，社会政治经济将发生更为深刻的变化，为了实现社会发展目标，无论是从国家层面还是地区层面都制订了相应的发展战略。作为新时代的大学生，必须与时代接轨，与社会的发展紧密相连，在职业发展的过程中顺“势”而为，这种“势”除了自身内在的一些要素，还需要考虑周围的环境要素，比如家庭环境、社会环境、职业环境和学校环境等。大学生在社会中，必须了解和熟悉生存的技巧，必须懂得“游戏”规则，这样才不会被边缘化或被淘汰。在社会发展的进程中，要掌握社会发展“物竞天择、适者生存”的自然规律，在对周围环境的认识过程中做到“知己知彼”，对自身所处环境和所具有的各种资源都加以整合分析才能够认清自身所处的位置，找准自己的定位，确立自己的职业发展路径。

作　业

请根据自己的理解完成下面的表格，并将该表格沿虚线剪下交给老师。

职业对个人来说意味着什么，你如何确立自己的职业目标？
1. 2. 3. 4. …
如何认识外界环境对个人职业选择的影响？
1. 2. 3. 4. …

第四章　职业生涯规划

［学习目标］

1. 掌握职业生涯、职业生涯规划的内涵，了解生涯发展阶段。

2. 了解大学生职业生涯规划的意义，职业生涯规划的基本理论，影响职业生涯规划的基本因素。

3. 了解职业生涯规划的原则和要素，掌握职业生涯规划的步骤和方法。

［导入］

有一位中国留学生看完了李开复先生“写给中国学生的第三封信”后，感触很深，他写了一封信给李开复先生说：

“很小的时候，我的目标就是长大，长大了做什么，我当时没有想；读小学的时候，父母给我的目标就是考初中，考上初中做什么，我没有想过；读初中的时候，父母给我的目标就是考高中，考上高中做什么，我没有想过；读高中的时候，父母给我的目标就是考大学，考上大学做什么，我没有想过；上大学的时候，父母给我的目标就是要出国，出国做什么，我也没有想过；现在留学拿到了学位，要找工作了，下一步我该做些什么呢？这次，我要好好地想一想。谢谢你的第三封信，它唤醒了我埋藏了25年的进取心，它改变了我25年来被动的生活方式。从今天开始，我要积极主动地为自己而生活！”

第一节　职业生涯规划概述

当今时代，是一个造就人才的时代。我们常常羡慕比尔·盖茨的财富，仰慕巴菲特的聪明智慧，憧憬李嘉诚式的成功。然而，只有能够规划并善于规划生涯和职业生涯的大学生，才更有可能获得成功的机会。

一、职业生涯的内涵

生涯，英语是“Career”，“生”，即“活的，活着的”；“涯”，即“边界”。职业发展理论的奠基人舒伯认为，生涯就是终其一生，不同时期扮演的不同角色的组合。比如，学生生涯、军旅生涯、教师生涯、运动生涯等。生涯不是一个静止的点，它是一个动态的过程，不只发生在人生的某个阶段，而是如影随形，相伴人的一生。简单而言，生涯就是人的一辈子，就是每个人有限的全部人生旅程。

(一)职业生涯的含义

在人一生担任的角色中,职业这一角色的分量实在是太重了,它远远超越了每周5个工作日,每天8小时工作时间的界限,它占用了我们大部分时间,它深深地影响着我们的生活水平、生活方式等。职业生涯是一个人的职业经历,是整个生涯的重要组成部分。它是指一个人一生中所有与职业相联系的行为与活动,以及相关的态度、价值观、愿望等连续性经历的过程,也是一个人一生中职业、职位的变迁及工作、理想的实现过程。职业生涯是一个动态的过程,它并不包含在职业上成功与否,每个工作着的人都有自己的职业生涯。

具体而言,职业生涯包括以下四个方面的含义:

①只表示个人一生在各种职业岗位上的整个经历,不包含成功与失败、进步快慢等含义。

②由外职业生涯和内职业生涯,即客观和主观两个方面构成。

③是一种过程,是一生中所有的与工作相关的连续经历,而不仅是一个工作阶段。

④受各方面因素的影响,是多方面作用的结果。如,本人的设想、人事计划、社会环境等。

(二)职业生涯的分类

职业生涯可分为外职业生涯与内职业生涯。外职业生涯是指从事职业时的工作单位、工作地点、工作内容、工作职务、工作环境、工资待遇等因素的组合及其变化过程。内职业生涯是指从事一项职业时所具备的知识、观念、心理素质、能力、内心感受等因素的组合及其变化过程。二者主要有以下关系:

①内职业生涯发展是外职业生涯发展的前提,内职业生涯带动外职业生涯的发展。

②外职业生涯的因素通常由别人决定、给予,也容易被别人否定、剥夺;内职业生涯的因素由自己探索、获得,并且不随外职业生涯因素的改变而丧失。

③外职业生涯略超前时有动力,超前较多时有压力,超前太大时有毁灭力;内职业生涯略超前时舒心,超前较多时烦心,超前太大时要变心。

外职业生涯与内职业生涯的区别如表4.1所示。

表4.1 内、外职业生涯比较

项目	外职业生涯	内职业生涯
体现	通过名片、工资单、人事档案等表现	通过从业时的状态、工作成绩、言谈举止等表现
特点	通常会随着外在条件的变化而变化,容易被别人否定、收回和剥夺,操控权掌握在别人手里	通过自己不断探索和研究获得,各构成因素一旦取得,别人便不能收回或剥夺,是真正的人力资本所在

事业瞬息万变，生活有无限可能，很多外在的东西我们无法规划，但是内在的东西我们一定要把握住。相比较外职业生涯，内职业生涯具有更强的可控性，应该成为大学生职业生涯规划的核心。

（三）生涯发展的阶段

孔子有句名言：吾十有五而志于学，三十而立，四十而不惑，五十而知天命，六十而耳顺，七十而从心所欲，不逾矩。这是他对人生划分的七个不同阶段。人生的主要阶段都是与职业分不开的，都依托着一定的职业来维持生存，发展自我，成就事业。职业对人生具有极其重要的意义。

职业发展是一个长期的发展过程，同样必须经历不同的发展阶段。在不同的发展阶段，每个人都有着不同的职业需求和人生追求，面对着不同的生涯发展任务。生涯发展阶段的划分是职业生涯规划研究的一个重要内容。

对于具体阶段的划分，不同的专家学者有不同的观点。综合不同的理论和学说，这里将生涯发展分为五个阶段：

1. 职业准备阶段(0~18岁)

这一时期是个人就业前从事专业、职业技能学习培训的时期。这个阶段，人们开始形成独立的意识和价值观，开始注意职业角色的社会地位以及社会对职业的需要。这一阶段的主要任务是：发展职业想象力，培养职业兴趣和能力，对职业进行评估和选择，接受必需的职业教育和培训。

2. 职业选择阶段(19~25岁)

在这一时期，人们开始跨入社会劳动，并逐渐把自己的职业愿望或要求同自己的主观条件、能力以及社会现实的职业需要密切联系和协调起来。经过一段时期的实践和思考之后，对初步选定的职业及目标进行检讨，如有问题则需重新选择，变换职业。这一阶段的主要任务就是进入职业市场，尽量选择一种适合的、满意的职业。

3. 职业生涯初期(26~40岁)

这一阶段是取得职业正式成员资格的阶段，人们要对自身的优缺点进行全面分析，对本职工作进行全面了解。这一阶段的主要任务是：了解和学习组织纪律和规范，接受组织文化，逐步适应职业工作，不断学习职业技术，提高工作能力，发挥自己的聪明才智，力争成为一名专家、职业能手。

4. 职业生涯中期(41~55岁)

这一时期人们承载了太多家庭、社会所赋予的责任和义务，承受了巨大的压力，个人成就和发展的期望减弱，希望维持或保留自己已获得的地位和成就的愿望加强，并希望更新自己专业领域的知识和技能。这一阶段的主要任务是：不断学习新的知识，努力工作，并对早期职业生涯进行重新评价，以便强化或转变自己的职业理想，重新选定职业。

5. 职业生涯后期（一般从56岁直至退休）

这是一个职业工作从衰退到离职的阶段，是一个相对稳定的阶段。在这个阶段，由于年龄的增长，体能、竞争能力、挑战能力、职业能力有所下降。然而由于积累了不少经验，经常承担起对年轻人言传身教的责任。这一阶段的主要任务是：继续保持已有的职业成就，在社会竞争面前保持良好的心态，总结工作经验，做年轻人的良师益友，做好退出职业生涯的准备。

职业生涯是人生中最重要的历程，是追求自我实现的重要人生阶段。在这里，职业不只是谋生的手段，更是实现个人价值、追求理想生活的重要途径。

二、职业生涯规划

职业生涯受各种因素交错影响，是一个极其复杂的过程。进行正确的职业选择，实现最佳的职业生涯发展，需要我们学习和了解职业生涯规划的基本理论，以及影响职业生涯规划的各种因素，以便帮助我们实现自己的职业理想。

职业生涯规划是自我管理的重要内容之一，所谓职业生涯规划是指一个人结合自身条件和现实环境，确立自己的职业目标，选择职业道路，制订相应的培训、教育和工作计划，并按照生涯发展的阶段实现具体行动，以达到目标的过程。

（一）职业生涯规划的意义

美国哈佛大学曾有一项关于“目标对人生的影响”的跟踪调查，其调查对象为一群智力、学历、环境等条件大体相同的年轻人。调查结果是3%的人有清晰的长期目标，且25年中从未改变过，25年后他们成为创业者、行业领袖和社会精英；而27%无目标的人，他们生活在社会底层，常失业，靠救济为生，常常抱怨社会，如表4.2所示。

表4.2 目标对人生的影响调查统计表

类型	25年前的目标			25年中目标是否改变	25年后目标设计者的结果
3%	有目标	清晰目标	长期目标	从未改变	成为创业者、行业领袖、社会精英
10%	有目标	清晰目标	短期目标	有改变	成为各行业的专门人才
6%	不清楚	模糊目标	无	无	生活安稳，没有特别成就
27%	无目标	无	无	无	生活在最底层，靠救济为生

（资料来源：边慧敏. 大学生职业生涯规划[M]. 成都：西南财经大学出版社，2007.）

职业生涯规划，只要开始，永远不晚，职业生涯规划对于大学生实现自己的人生价值，对于一生的幸福都具有必要性和重要意义。具体可以表现在以下几个方面：

1. 丰富的人生需要目标的指引，而规划让目标得以实现

对于具有较高知识水平和职业能力的学生群体来说，每个人都有获得成功和丰富人生的需求，但是个体的差异性使得这种成功和丰富的人生大不相同，不管想要得到何种美丽人生都需要完成一个个既定的目标。想让这种目标高效地得以实现，我们就必须通过科学的规划，发掘个人最大、最优潜能，把想做的和能做的事情结合起来。客观分析内外部优劣因素，制订可行的方案，使需求得到最大满足，价值得到最大体现。古语讲，"凡事预则立，不预则废"也是这个道理。

2. 客观分析现实，塑造崭新的自我

通过职业规划，可以让大学生对自我进行深层次的剖析，明确自身优劣势，更加客观地分析社会现实，认识当前所发生的各种变化，了解自身能力大小，水平高低，找到自我的差距，明确所存在的问题，从而更好地自我定位，树立人生奋斗目标，勇敢地迎接竞争和挑战。

3. 增强大学生就业核心竞争力，实现理性择业

对于大学生而言，一份好的工作绝不是仅靠运气就能够得来的，"机会是留给有准备的人"。大学生必须在大学校园里就具备步入社会的种种能力，而职业规划就像一座灯塔，指引着大学生在追求人生目标的道路上该如何前进。通过规划，才能知道应该在个人能力、素质、知识、技能、人生态度、思维方式、价值取向以及社会适应性等方面综合提高自己，从而不断培养其职业能力，提高职业竞争力，运用适当的方法，克服职业生涯中的困难和阻力，扬长避短，理性就业。

4. 提高就业市场配置的成功率，降低离职率

在双向选择、自主择业的背景下，大学生很看重各种形式的人才交流会，这也是大学生走向社会、选择职业的主要渠道之一。根据国内各大城市举办大型人才交流会的统计，多数毕业生参加人才交流会都有一种"赶集"的感觉，没目标、没准备，全凭运气，结果造成了有意向的没信心，有信心的准备不足，人才交流会对接成功率较低。造成这种现象的原因之一就是大学生职业规划的缺失，即职业目标相对模糊，对自我缺乏认识。而这类大学生由于职业目标模糊，缺乏自我认识，在某种程度上表现为盲目就业和择业，直接的后果是人与职业不匹配，接踵而至的就是草率跳槽。经过系统职业生涯规划的大学生一般都有明确的职业定向，在真正双选的基础上找到一个相对适合自己的职业，从而降低了因人与职业不匹配而导致的离职率。

（二）职业生涯规划的基本理论

职业生涯是指一个人职业发展的全部过程和体验，那么针对个人的职业生涯规划也应该是一个过程。

职业生涯规划（Career Planning），也称职业生涯设计，是指在对个人职业生涯的主客观

条件进行测定、分析、总结的基础上，对自己的兴趣、爱好、能力、特点进行综合分析与权衡，确定最佳的职业奋斗目标，并为实现这一目标作出行之有效的安排。它的目的绝不仅是帮助我们寻找到一份工作或一次职位上的提升，更重要的是帮助个人拟定一生的职业发展方向。

近一个世纪以来，职业生涯规划理论经过社会学家、心理学家和职业指导工作者的潜心研究，逐渐形成诸多学派和理论。由于职业生涯规划的复杂性和单一理论的局限性，大学生需要了解多种理论及方法。

我们主要介绍几个最具代表性、应用最广泛、最实用、最经典的理论。

1. 职业倾向理论

职业倾向(Career Orientation)理论是由美国约翰·霍普金斯大学心理学教授、职业指导专家霍兰德于1959年创立的。它的理论基础是：帕森斯的特质因素论、弗洛伊德的人格类型划分以及人格、职业两者的关系。

(1)人格—职业六类型及特点分析

霍兰德认为职业选择是个体人格的展现和延伸，择业者总是努力寻求与自己人格类型相适应的职业，并把这种人格类型和职业类型相互和谐的状况称为“适配”。

为了寻找人格类型和职业类型的适配，霍兰德根据择业者的人格特征和择业兴趣将择业者分为6种类型：社会型（Social，简称S）、企业型(Enterprising，简称E)、常规型(Conventional，简称C)、实际型(Realistic，简称R)、研究型(Investigative，简称I)、艺术型(Artistic，简称A)。同时，他又根据职业特性和要求将职业划分为6种类型，并分别对6种人格类型、兴趣和职业类型的特点进行了详细分析，如表4.3所示。

表4.3　人格—职业类型表

择业者类型	择业者的人格特质	适配的职业类型
社会型 (S型)	1. 喜欢从事为他人服务和教育的工作 2. 有较强的社会责任感，看重社会义务和社会公德 3. 关心社会问题，渴望发挥自己的社会作用 4. 寻求广泛的人际关系	主要指各种直接为他人服务的工作，包括教育服务、医疗服务、生活服务等。主要职业：教师，教育行政人员，社会工作者，咨询人员，公关人员，医护人员，福利人员，衣、食、住、用、行服务行业工作人员等
企业型 (E型)	1. 精力充沛、自信、善于交际、具有领导才能 2. 喜欢竞争、敢冒风险、有抱负 3. 习惯以利益得失、权力、地位、金钱等来衡量做事的价值，做事目的性强	主要指那些组织与影响他人共同完成组织目标的工作。主要职业：政府官员、企业领导、项目经理、商人、行政部门和单位的领导者、管理者等

续表

择业者类型	择业者的人格特质	适配的职业类型
常规型（C 型）	1. 尊重权威和规章制度，喜欢按计划办事，细心、有条理，习惯接受他人的指挥和领导，自己不谋求领导职务 2. 较为谨慎和保守，缺乏创造性，不喜欢冒险和竞争 3. 工作踏实、忠实可靠、富有自我牺牲精神	主要指各类与文案档案、图书、统计报表之类相关的工作。主要职业：秘书、办公室人员、记事员、会计、行政助理、图书馆管理员、出纳员、打字员、投资分析员、邮递员等
实际型（R 型）	1. 喜欢使用工具从事操作性工作 2. 动手能力强，做事手脚灵活，动作协调 3. 偏好于具体任务，不善言辞，不善交际，做事保守	主要是需要具备基本操作技能，要求体力，或者与动植物相关的工作。主要职业：计算机硬件人员、摄影师、制图员、机械装配工、木匠、厨师、技工、修理工、农民、司机、测绘员等
研究型（I 型）	1. 抽象思维能力强，求知欲强，肯动脑，善思考 2. 喜欢独立和富有创造性的工作 3. 知识渊博，有学识才能，不善领导他人 4. 考虑问题理性，做事喜欢精确，喜欢逻辑分析和推理，不断探讨未知的领域	主要从事科学研究、科学实验工作。主要职业：科学研究人员、工程师、电脑编程人员、医生等
艺术型（A 型）	1. 有创造力，乐于创造新颖、与众不同的成果 2. 渴望表现自己的个性，实现自身的价值 3. 做事理想化，追求完美，不重实际	主要指各种艺术工作者。主要职业：演员、导演、艺术设计师、摄影家、广告制作人、歌唱家、主持人、作曲家、乐队指挥、小说家、诗人、剧作家等

（2）人格—职业适配分析

霍兰德设计了人格—职业类型六边模型来描述六大类型的关系，如图 4.1 所示。

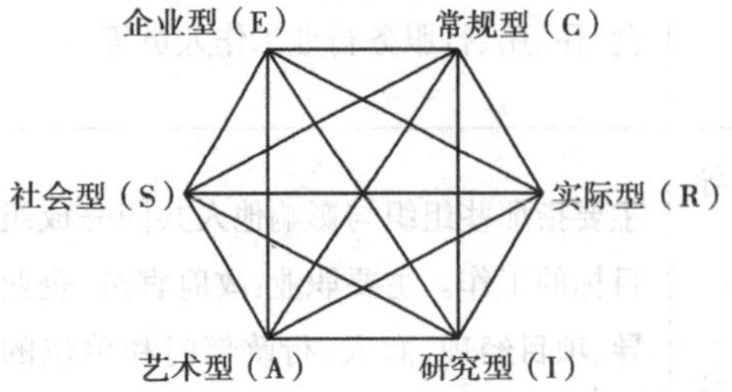

图 4.1　霍兰德的人格—职业类型六边模型图

六边模型的六个角分别代表六种人格类型和相应的六种职业类型，每种人格类型与职业个性的适配程度可以通过六边形边长和对角线的长短表示，连线越短表示人格类型与职业类型越相近，两者的适配程度越高。

①完全适配。连线为 0 表示人格类型与职业类型完全适配，如 RR 型、II 型、AA 型、

CC 型等,此种状态的职业选择最为理想。

②相邻关系。在六边形上处于相邻位置的类型之间即为相邻关系,如 RI,IR,IA,AI,AS,SA,SE,ES,EC,CE,RC 及 CR。选择从事与人格类型相近类型的职业,比较容易适应,适配程度较高。如 S 型人格类型的人从事与其相邻的 E 型或 A 型职业。

③相隔关系。模型图中的 RA,RE,IC,IS,AR,AE,SI,SC,EA,ER,CI 及 CS,选择从事与人格类型成相隔关系类型的职业,经过艰苦努力,也较容易适应,适配程度一般。如 S 型人格类型的人从事与其相隔一个类型的 C 型或 I 型职业。

④相对关系。在六边形上处于对角位置的类型之间即为相对关系,或称相斥关系。选择与人格类型相斥关系类型的职业,则很难适应,适配程度很低,甚至是不适宜的。如 S 型人格类型的人从事与其相对立的 R 型职业。

人们通常倾向选择与个体人格类型适配的职业类型,如具有现实型特质的人希望在现实型的职业环境中工作,可以最好地发挥个人的潜能。但是,在职业选择中,个体并非一定要选择与自己人格类型完全对应的职业环境。一是因为个体本身通常是多种类型的综合体,单一类型显著突出的情况不多,因此评价个体的类型时也时常以其在六大类型中得分居前三位的类型组合而成,组合时根据分数的高低依次排列字母,如 RCI,AIS 等;二是因为影响职业选择的因素是多方面的,不完全依据个体类型,还要参照社会的职业需求及获得职业的现实可能性。因此,职业选择时会不断妥协,寻求相邻的职业类型,甚至相隔的职业类型,面临这种情况,个体需要逐渐适应职业需要。如果个体寻找的是相对的职业类型,意味着所进入的是与个体人格特质完全不同的职业环境,那么工作起来可能很难适应。

(3)对职业倾向理论的评价

职业倾向理论将个体和职业划分为不同的类型,注重个人人格类型与职业类型相适配,利于引导个体合理地进行职业生涯规划,减少择业失误的风险,并且简单易行,被普遍应用。有许多被广泛使用的测量工具都以霍兰德的类型理论为依据,这一理论自提出以后,就对职业生涯规划产生了广泛的影响。

霍兰德的职业倾向理论在应用中也存在着一定的局限性。一方面,霍兰德将择业者的人格特质和职业特征都作为基本确定的因素进行讨论,而实际上,两者都是不断发展变化的,彼此之间的适配程度也不是固定不变的;另一方面,择业者的职业选择除了人格特质外,还与择业者家庭期望、社会需求、经济环境等密切相关,应该全面综合地考虑。

2. 阶段发展理论

美国著名职业指导专家金兹伯格认为,职业生涯行为根植于儿童早期生活,并随着时间的流逝而发展。他把一个人的职业发展分为幻想期、尝试期和现实期。

①幻想期是处于 11 岁之前的儿童时期。儿童们对大千世界,特别是对于他们所看到或接触到的各类社会现象和社会职业充满了好奇。此时期职业需求的特点是:单纯凭自己的兴趣爱好,不考虑自身的条件、能力水平和社会需要与机遇,完全处于幻想之中。

②尝试期大致为11~17岁，这是由少年儿童向青年过渡的时期。人的心理和生理在迅速发育和成长，有独立的意识，开始形成自己的世界观和价值观，知识和能力显著增长和增强，初步懂得社会生产和生活的经验。在职业需求上呈现出的特点是：有职业兴趣，但不仅限于此，更多地和客观地审视自身各方面的条件和能力；开始注意职业角色的社会地位、社会意义，以及社会对职业的不同需要。

③现实期是17岁以后的青年段。即将进入社会生活，参与社会劳动，能够把自己的职业愿望或要求，同自己的主观条件、能力，以及社会现实的职业需要紧密联系和协调起来，客观地寻找合适于自己的职业角色。此阶段所追求的职业不再模糊不清，有了具体的、现实的职业目标，表现出的最大特点是客观性、现实性、讲求实际。

金斯伯格的职业发展论，事实上是划分了前期职业生涯发展的不同阶段，也就是说，是就业前人们职业意识或职业追求的变化发展过程。

3. 生命全程和生命空间理论

生涯发展大师舒伯集差异心理学、发展心理学、职业社会学及人格发展理论之大成，通过长期的研究，系统地提出了有关职业生涯发展的观点。

(1)生涯发展五阶段论

1953年，舒伯根据自己"生涯发展形态研究"的结果，将人生职业生涯发展划分为成长阶段、探索阶段、建立阶段、维持阶段和衰退阶段共五个阶段，贯穿了个人生命全程。

①成长阶段(0~14岁)。成长阶段属于认知阶段。在这个阶段，孩童开始建立和发展自我概念，学会以各种不同的方式来表达自己的需要。对职业充满好奇和幻想，随着年龄的增长，逐步对职业产生注意、兴趣，并开始相关能力的培养。这个阶段共包括三个时期：

一是幻想期(0~10岁)，它以"需要"为主要考虑因素，在这个时期幻想中的角色扮演很重要。

二是兴趣期(11~12岁)，它以"喜好"为主要考虑因素，喜好是个体抱负与活动的主要决定因素。

三是能力期(13~14岁)，它以"能力"为主要考虑因素，能力逐渐具有重要作用。

②探索阶段(15~24岁)。探索阶段属于学习打基础的阶段，是影响个人职业生涯发展的关键时期。该阶段的青少年通过学校的活动、社团活动、参加社会实践等机会，对自我能力及职业进行探索，并根据未来可能从事的职业作相应的教育准备；再逐步过渡到择业和初步选定职业，尝试其成为长期职业的可能性，若不适合则可能再经历上述各时期以确定方向。这阶段也包括三个时期：试探期、过渡期、实践期。

③建立阶段(25~44岁)。建立阶段属于选择、安置阶段，是职业生涯中最为核心的部分。由于经过上一阶段的尝试，不合适者会谋求变迁或作其他探索，因此该阶段较能确定稳定、长久的职业。这个阶段细分又可包括两个时期：尝试期和稳定期。

④维持阶段(45~64岁)。维持阶段属于升迁和专精阶段。个体仍希望继续维持属于

他的工作职位，同时会面对新的人员的挑战。也有少数人冒险探求新领域，寻求新发展。

⑤衰退阶段(65 岁以上)。衰退阶段属于退休阶段。由于生理及心理机能日渐衰退，个体不得不面对现实从积极参与到退出职业领域。这一阶段往往注重发展新的角色，寻求不同方式以替代和满足需求。

以上各阶段如表 4.4 所示。

表 4.4　舒伯的职业发展阶段论

阶　段	生涯发展任务	次阶段及特征	
成长阶段 (0 ~ 14 岁)	1. 建立和发展自我概念 2. 由好奇和幻想逐步发展为注意、兴趣和能力 3. 发展对工作的正确态度，并了解工作的意义	幻想期 0 ~ 10 岁	需要占统治地位
		兴趣期 11 ~ 12 岁	喜好起决定作用
		能力期 13 ~ 14 岁	开始考虑自己的能力及工作要求
探索阶段 (15 ~ 24 岁)	1. 思考兴趣、能力和就业准备 2. 暂定职业，寻找方向，实现自我	试探期 15 ~ 17 岁	在学习和实践中考虑兴趣、能力及机会，作暂时决定
		过渡期 18 ~ 21 岁	进入就业市场或专业训练，开始正式选择
		实践期 22 ~ 24 岁	生涯初定并试验其成为长期职业生活的可能性，若不适合则可能再经历上述各时期以确定方向
建立阶段 (25 ~ 44 岁)	1. 确定稳定、长久的职业 2. 重新评估自己的需求和职业目标	尝试期 25 ~ 30 岁	选择、安置，由于经过上一阶段的尝试，不合适者会谋求变迁或作其他探索
		稳定期 31 ~ 44 岁	个体致力于工作上的稳固，大部分人处于最具创意时期，由于资深往往业绩优良
维持阶段 (45 ~ 64 岁)	1. 维持既有成就与地位 2. 传承经验、寻找接班人	维持期 45 ~ 64 岁	
衰退阶段 (65 岁以后)	适应退休，发展非职业角色	退出期 65 岁以上	

与其他诸多专家学者的理论相比较，舒伯的理论更全面、更广泛，描绘了个体整个一生的生涯发展，对当今大学生的生涯发展规划具有重要的借鉴作用。

(2)生涯全程彩虹图

1976—1979 年,舒伯以在英国为期四年的跨文化研究的基础上,提出了生命空间的生涯发展观(Life-span,Life-space Career Development)。舒伯的这个生涯发展观,是在生涯发展阶段理论的基础上,加入了角色理论,并将生涯发展阶段和角色之间相互影响的状况,描绘成多重角色生涯发展的综合图形,即著名的"生涯全程彩虹图"。

舒伯认为,生涯发展是一个在众多个人因素和社会因素之间不断交融、相互影响的动力性过程,起调节作用的是个人的自我概念,这个动力性过程的发展结果,决定了个人在不同生涯阶段中所扮演的不同生涯角色,如图 4.2 所示。

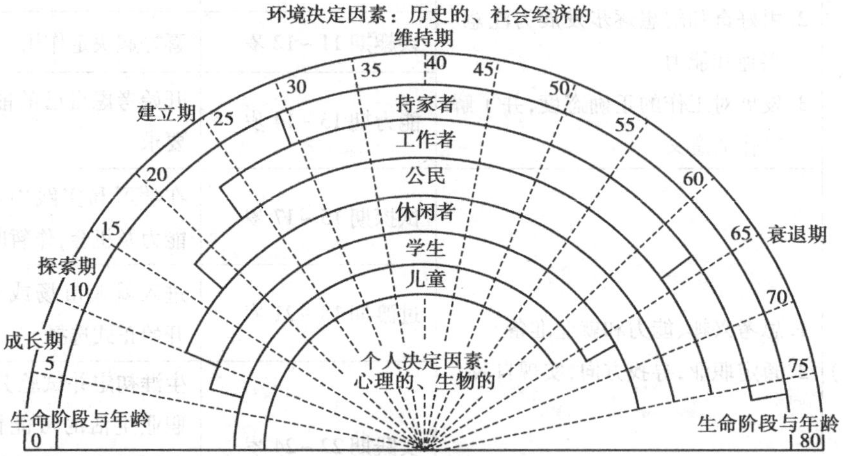

图 4.2　职业生涯全程图

生涯全程彩虹图中,横向层面代表的是横跨一生的生活广度。彩虹外层表示从出生到死亡的个体生命的全部阶段和大致估算的年龄:成长期(儿童期)、探索期(青春期)、建立期(成人期)、维持期(中年期)以及衰退期(老年期)。在五个主要的人生发展阶段内,各个阶段还有小的阶段,舒伯特别强调各个时期年龄划分有相当大的弹性,应该根据个体不同情况而定。

纵向层面代表纵贯上下的生活空间,高低不同色带表示个体在不同年龄阶段所扮演的生涯角色。舒伯认为人在一生中必须扮演 9 种主要角色,依序是儿童、学生、休闲者、公民、工作者、夫妻、家长、父母和退休者。各种角色之间是相互作用的,一个角色的成功,特别是早期的角色如果发展得比较好,将会为其他角色提供良好的关系基础。但是,在一个角色上投入过多的精力,而没有平衡协调各角色的关系,则会导致其他角色的失败。

图 4.3 中,从圆心向外弧的 20 这一刻度点画线,在这条线之前,该个体需要扮演的生涯角色有孩子、学生、休闲者,而之后就需要承担公民的义务。25 岁后,图中色带变得很薄,说明他毕业了,直到 26 岁才找到工作,其工作者的色带变厚,28 岁左右才成家,扮演持家者的角色。

舒伯的生涯彩虹图将生涯规划立体化了。从长度上,它包括了一个人从生到死的全部

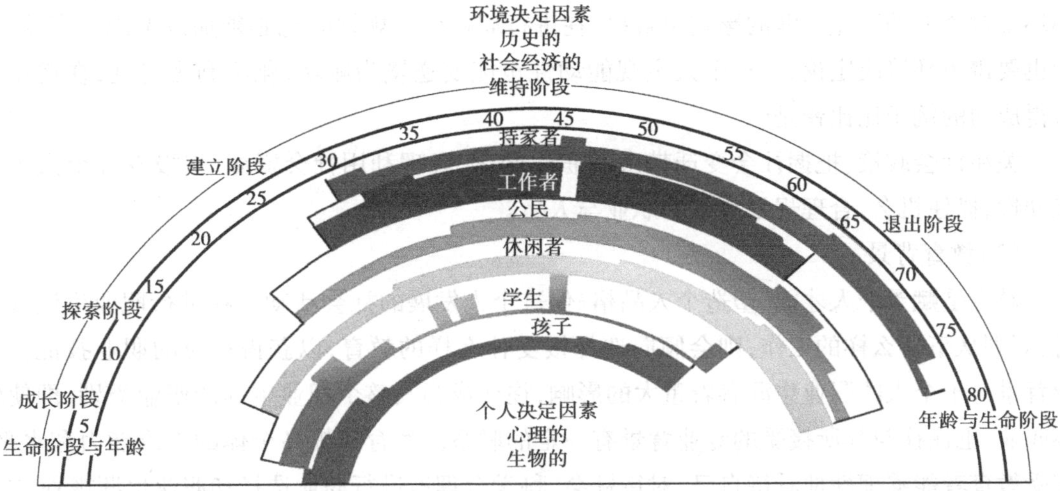

图 4.3 生涯全程彩虹图

生命历程；从空间上，并不局限于对职业角色的关注，同样重视非职业角色对一个人生涯的影响。持家者、公民、休闲者、学生、子女、配偶、退休者等的角色和工作者的角色都是一个自我概念的具体表现。自我概念包括个人对自己在兴趣、能力、价值观以及人格特征等方面的认识，是个人生涯发展历程的核心。工作与生活满意的程度，有赖于个人能否在工作上、职场以及生活中找到展现自我的机会。一个完美的人生，不能仅仅依赖于职业角色的完美与否，更多的非职业角色使人生有更多自我实现的可能性。从人生角色这个角度上思考，大学生阶段之后，下一步就是工作者的角色，应该实现从学生到工作者转换的过渡，在大学的任务是积累知识，并进行职业准备。这个阶段的任务完成得好坏，关系到你是否能顺利成为工作者。理解了这个道理，大家就不会觉得就业离自己还很遥远，思考自己未来可以具体扮演的角色、从事的工作是摆在我们面前迫切的任务。

（三）影响职业生涯规划的因素

每个人的职业生涯都会受到社会、家庭、个人等因素的影响，呈现出不同的生涯形态。我们在规划职业生涯时，不能孤立地进行，要综合考虑各种影响因素。

1. 影响职业生涯规划的外在因素

（1）社会环境

社会是个人从事职业和发挥才干的舞台，社会环境是影响个人职业生涯规划的重要因素。

从大的方面讲，社会环境包括社会的政治、经济、文化、习俗等方面的因素，它涉及人们求职的管理体制、对职业的社会评价与社会认同度、有关职业的社会政策等大环境。这些环境制约着社会的就业形势，影响职业结构、数量、社会声望，带来职业岗位的随机与波动，进而影响着人们对职业的认定和选择，影响着人们的职业生涯规划。

从小的方面讲，社会环境包括个人所在的学校、社区、工作单位、家庭关系、人脉关系等。

小环境对个人的职业生涯的影响更直接，在进行职业生涯规划时也必须加以考虑。当然，我们也要避免环境决定论，发挥个人主观能动性也能变逆境为顺境，化不利为有利，在逆境中获得成功的例子比比皆是。

关注社会政策，把握社会变迁带来的职业变化，合理利用社会资源，积极发挥个人主观能动性，抓住机会，合理规划自己的职业与人生。

（2）教育背景

教育是赋予个人才能、塑造个人品格、促进个人发展的社会活动。在进行职业生涯规划时，规划从事什么样的工作，则会倾向选择接受什么样的教育，以获得相应的职业技能。专业背景对于个人的职业生涯有着重大的影响，往往成为其整个职业生涯的职业类别，即使转换职业，也往往与其所接受的专业背景有一定的联系。教育能提高个体的思维能力和水平，使受教育者能够理性地看待自己，对待社会，科学合理地进行职业选择和职业生涯规划。

当今社会比较看重教育背景。一方面，教育程度高低制约着职业选择。一般而言，学历越高，所获得的教育水平越高，就更容易获得社会声望高的职业，谋得起点高的职位，具有更强的发展潜力。即使工作不如意，教育水平越高的人职业变迁的动机和能力也会更强。另一方面，也要避免唯学历的观点。很多职业在考虑教育水平高低的同时，更多地关注个体的综合素养。所有这些都是进行职业生涯规划时应该考虑的重要因素。

（3）家庭环境

家庭是个体社会化的重要场所。个人无法选择自己的出身、家庭，但是家庭环境却造就个体素质，是个体形成价值观和行为模式的基础，从根本上影响个体的职业理想和职业目标，是进行职业生涯规划时必须要考虑的必不可少的因素。

从舒伯等人的理论中可知，职业和职业发展的萌芽从出生就开始了，家庭成员的职业、职业认同、经济、社会地位都直接或者间接地影响着个体对职业的看法和职业选择。家庭成员的社会关系也能为个体择业、就业和职业流动提供或多或少的帮助，影响着个体的职业生涯规划。

另外，职业因素也是一个重要方面。不同的职业在劳动强度、学历要求、薪酬福利、工作环境、职业声望等方面存在差异，这些差异也影响着个体的职业生涯规划。

2. 影响职业生涯规划的个人因素

职业生涯规划不仅受外在因素的制约，同样受到诸如兴趣、性格、洞察力、自我认识、意志等个体因素的影响。

（1）兴趣

当一个人对某种职业产生兴趣时，就能发挥整个身心的积极性，积极地感知和关注该职业的信息、动态，并主动塑造个体特质以适应职业需求。

（2）性格

性格与职业的关系可以说是彼此制约、相互促进，因此，在进行职业规划时，要充分考虑个体的性格因素，尽量选择适合自己性格特点的工作。当然，性格并非一成不变，它有很大的可塑性，在长期的职业实践中经过磨炼，也会发生适应性的变化。

(3)洞察力

对社会经济走势、就业相关政策、人际关系的敏感性、洞察力，也影响着个体的职业生涯规划和职业选择。

(4)自我认识

所谓人贵有自知之明，个体一定要有正确的自我认识能力，在进行职业生涯规划时，既要对自己的职业能力有一个正确的评估，又要善于发觉自我潜能。个体形成正确的自我认识，就能理性地规划自己的职业生涯，比较容易地获得成功。如果个体缺乏自我认识能力，职业生涯规划与自己的能力不相符合，一定会感到不愉快和不满足。这些消极情绪又反过来影响工作本身，从而引起更大的不愉快。

(5)意志

意志是一个人自觉地确定目标，支配与调节自己的行动，克服各种困难，从而达到预期目标的心理状态。没有坚强的意志，人就会在顺境中得意忘形，在逆境中消沉颓废，最终不能实现自己的职业生涯规划。意志强弱对于一个人的职业生涯规划来说有着重大的影响。

第二节　职业生涯规划的制定与实施

古语云：凡事预则立，不预则废。大学阶段是职业的准备期，因此，科学、合理地做好职业生涯规划对大学生步入职场是非常重要和必要的。

一、职业生涯规划的原则与要素

现实中不乏成功的职业生涯规划案例。在这些案例中，职业生涯规划写法不尽相同，精彩之处也各有特色。但总的说来，成功的职业生涯规划都要遵循一些共同的原则，在规划过程中，都要包含一些共同的要素。

(一)职业生涯规划的原则

原则是方法和内容的抽象。大学阶段，我们制定职业生涯规划，其目的是为将来工作作好各种准备。职业生涯规划具有很强的导向性，它要求我们要定位准确，路线选择正确且措施得当、方案科学。为了达到这个目标，我们在制定职业生涯规划的时候，应该遵循以下几个原则：

1. 可行性原则

我们在制定职业生涯规划时，要充分考虑目标、路径、方法是否可行，实现目标的步骤是否合理，个体的能力与规划是否匹配，以确保现实中的可操作性。可行性原则主要是从客观上对职业生涯规划进行审视。

2. 挑战性原则

制定的规划目标，要有一定的高度，不能伸手即得，要“跳一跳，够得着”。制定有一定挑战性的目标，这样更能激发人的潜力，让人获得更大的收获和成就感。

3. 动态性原则

职业规划不可能一次完成。我们在做职业规划时会根据诸如职业兴趣、能力和价值观等自身内在特质和社会环境的分析来制订职业规划方案，这个方案不是永久不变的。俗话说，“计划不如变化”。因此，制订出的职业规划方案仍需在实践中随着自身特质和社会发展的变化作出相应的调整。那么职业规划就是一个长期的、系统的、动态的工作。

4. 阶段性原则

职业生涯目标的实现，不可能一蹴而就。在大学阶段，要对整个职业生涯目标进行分解，制定每一个时期的阶段性目标以及计划完成的时间和具体实施措施。这一点对大学生来说尤为重要，只有认识到了这一点，才能了解在大学阶段进行职业生涯规划的重要性。

5. 可评估性原则

目标要明确，措施要具体，完成的时间要有限定，以便检查和评估，方便自己随时掌握执行情况，为规划的修正和调整提供参考依据。

（二）职业生涯规划的要素

按照职业生涯发展的规律，每个人的发展阶段和发展历程都不尽相同，职业生涯规划的重点会有所不同，所要考虑的要素也不尽相同，但是每个人在制定自己的职业规划时，还是有共同的规律可循。我国知名的职业规划专家罗双平用这样一个精辟的“公式”总结了职业生涯规划的三大要素，即：

职业生涯规划 = 知己 + 知彼 + 抉择

“知己”是指对自身的条件进行全面的了解和充分的认识，包括对自己的兴趣、性格、价值观、气质、能力等的认识；“知彼”是指对自己的职业发展的外部环境的探索和有关信息的把握，例如组织环境、人力资源需求、政治环境、经济环境等；“抉择”是指在知己知彼的基础上，选择既符合自己兴趣，能充分发挥自己的特长，又符合职业特点、社会环境的职业目标，从而做到择己所长、择己所爱、择世所需，使效益最大化。

我们每一个人在做职业生涯规划的时候，只有做到充分认识自我、了解自我，熟悉组织环境、外部条件，才能依此作出正确的选择。

二、职业生涯规划的步骤和方法

天生我材必有用，每一个年轻人都需要根据自己的特点，结合科学的方法，按照一定的程式对自我进行规划。

（一）职业生涯规划的步骤

职业生涯规划是一个动态的过程，一般包括评估自我、评估环境、确定目标、职业定位、选择职业生涯路线、制订行动方案以及评估与反馈7个步骤。

1. 评估自我

职业生涯规划的第一步就是评估自我，客观认识自我，充分了解自己的职业兴趣、能力结构、职业价值观、行为风格、自己的优势与劣势等。只有对自己有一个准确的认识，才能对自己的职业作出正确的选择，才能选定适合自己发展的职业生涯路线，才能对自己的职业生涯目标作出最佳抉择。在前面的第二章已经详细地介绍了有关自我的理论以及认识自我的方法，这里就不再赘述了。

2. 评估环境

职业生涯规划还要充分认识与了解相关的环境，评估环境因素对自己职业生涯发展的影响，分析环境条件的特点、发展变化情况，把握环境因素的优势与限制，了解本专业、本行业的地位、形势以及发展趋势。环境因素包括学校环境、社会环境、家庭环境等。

3. 确定目标

"没有目标就不能实现目标。"德国诗人歌德曾讲过，"人生重要的事情是确定一个伟大的目标，并决心实现它"。富兰克林也曾强调过，"我总认为一个能力很一般的人，如果有个好计划，是会有大作为的，为人类做大贡献的"。这些都充分地说明了确定目标的重要性。

确立目标是制定职业生涯规划的关键，目标是一个系统，包括终极目标、长期目标、中期目标和短期目标。目标确立的方法通常是先结合自身条件和现实环境选择终极目标和长期目标，然后通过目标分解，分化为符合阶段目标要求的中期、短期目标。长远目标需要个人经过长期艰苦努力、不懈奋斗才有可能实现，确立长远目标时要立足现实、慎重选择、全面考虑，使之既有现实性又有前瞻性。短期目标更具体，对人的影响也更直接，也是长远目标的组成部分。心理学实验证明，太难或太容易的事，都不具有挑战性，也不会激发人的热情从而采取行动。因此，应根据个人的经验、素质水平和现实环境的许可来决定中短期目标。中短期目标应尽可能具体明确，并限定时间。

那么，如何科学地设定生涯目标呢？主要从地区、行业、岗位和薪资四方面去思考设定。同时，需把握目标设定的一般原则——SMART原则，即Specific（目标要明确具体）、Measurable（目标必须可衡量）、Acceptable（目标必须被目标执行人所接受）、Realistic（目标要求必须高但可行）、Time Indication（目标的实现必须要有时间限制）。如果我们依据此原则来确立目标，就会使我们的职业生涯规划更具体、更科学。

4. 职业定位

据统计，在选错职业的人中，有80%以上的人在事业上是失败者。因此，职业选择的正确与否，直接关系到人生、事业的成功与失败。职业定位就是要为职业目标与自己的潜能以及主客观条件谋求最佳匹配，即人职匹配。良好的职业定位是以自己的最佳才能、最优性格、最大兴趣、最有利的环境等信息为依据的。职业定位过程中要考虑性格与职业的匹配、兴趣与职业的匹配、特长与职业的匹配、专业与职业的匹配等。大学生要善于借助多种手段，了解职业需求，为寻找最适合的职业而努力。

5. 选择职业生涯路线

职业生涯路线是指一个人是确定向专业技术方向发展还是向行政管理方向发展。同一职业，有的人适合搞行政，有的人适合搞研究，有的人适合经营。如果一个人错误地选择了与自身不相符的职业生涯路线，那么，在他的职业生涯中必定遭遇许多坎坷，能否成功也是一个很大的问题。

6. 制订行动方案

用行动落实规划，在行动中不断实现每个目标，同时，在行动中完善新的目标。制订实现职业生涯目标的行动方案，要有具体的行为措施来保证。没有行动，职业目标只能是一种梦想。行动体现在每一天、每个小时的生活学习中，如果我们只是有宏伟蓝图，不用踏踏实实的行动一步一个脚印地去实现，所有的目标、发展都是空想。所以既要制订周详的行动方案，更要注意去落实这一行动方案。

7. 评估与反馈

在人生的发展阶段，由于社会环境的巨大变化和一些不确定因素的存在，会使我们与原来制定的职业生涯目标与规划有所偏差，俗话说："计划赶不上变化快。"这时就需要对职业生涯目标与规划进行评估，在实施中去检验，比如职业的选择、生涯路线的选择、人生目标的修订、实施措施与计划是否合适，并根据具体情况，及时诊断生涯规划各个环节出现的问题，找出相应对策，作出适当的调整，以更好地符合自身发展和社会发展的需要。职业生涯规划的评估与反馈过程是个人对自己的不断认识过程，也是对社会的不断认识过程，是使职业生涯规划更加有效的有力手段。

(二)职业生涯规划的方法

方法是为实现特定目标而采取的途径和手段，步骤则是事情进行的程序、次第。在职业生涯规划的过程中，掌握正确的方法，并遵循科学的步骤，对科学制定职业生涯规划能够起到事半功倍的作用。SWOT 分析法和 5W 分析法是在职业生涯规划中最常用的两种方法。

1. SWOT 分析法

所谓 SWOT 分析法，是由美国旧金山大学管理学教授韦里克于 20 世纪 80 年代初提出的一种综合考虑企业内部条件和外部环境的各种因素，进行系统评价，从而选择最佳经营战略的方法，目前已广泛应用于组织的策划中。S 是指组织内部的优势(Strengths)，W 是指组织内部的劣势(Weaknesses)，O 是指组织外部环境的机会(Opportunities)，T 是指组织外部环境的威胁(Threats)。其中，优劣势的分析通过对组织内部实力的分析及与竞争对手的比较，可让策划者看到策划客体的优势和不足，从而积极趋利避害。机会与威胁分析则着眼于环境对组织的影响力，通过机会与威胁的分析，可以帮助策划者与实施者准确抓住策划时机，坚定策划实施信心，并能积极排除困难。

当我们面临选择的时候，首先要做的就是仔细想想我要解决的究竟是什么问题？尽量用文字把它表达清楚，然后将问题转变成一个具体的目标。在确立问题、明确问题的同时，一定要从两方面考虑：一个是从自身内部因素；另一个就是外部环境。一般来说，对自身的职业或者职业发展问题进行 SWOT 分析时，应遵循以下 5 个步骤：

(1)评估自己的长处和短处

每个人都有自己独特的技能、天赋和能力。在当今分工非常细的市场经济里，每个人大都只是擅长某一专业，而不是样样精通。如有些人不喜欢整天坐在办公桌旁，而有些人则一想到不得不与陌生人打交道时，心里就发麻，惴惴不安。请做个表，列出你自己喜欢做的事情和你的长处所在(如果你觉得界定自己的长处比较困难，你可以请专业的职业咨询师帮你分析，分析好之后，就可以发现你的长处所在)。同样，通过列表，你可以找出自己不是很喜欢做的事情和你的弱势。找出你的短处与发现你的长处同等重要，因为你可以基于自己的长处和短处作两种选择：一是努力去改正你常犯的错误，提高你的技能；二是放弃那些对你不擅长的技能要求很高的职业。列出你认为自己所具备的很重要的强项和对你的职业选择产生影响的弱势，然后再标出那些你认为对你很重要的强、弱势。

(2)找出你的职业机会和威胁

我们知道，不同的行业或专业(包括这些行业里不同的公司)都面临不同的外部机会和威胁，所以，找出这些外界因素将帮助你成功地找到一份适合自己的工作，对你求职是非常重要的，因为这些机会和威胁会影响你的第一份工作和今后的职业发展。如果某个公司处于一个常受到外界不利因素影响的行业里，很自然，这个公司能提供的职业机会将是很少的，而且没有职业升迁的机会。相反，充满了许多积极的外界因素的行业将为求职者提供广阔的职业前景。请列出你感兴趣的一两个行业或专业，然后认真地评估这些行业或专业所面临的机会和威胁。

(3)提纲式地列出今后 3 ~5 年内你的职业目标

仔细地对自己作一个 SWOT 分析评估，列出未来 3 ~5 年内你最想实现的 4 ~5 个职业目标。这些目标可以包括：大学毕业后你想从事哪一种职业，你将管理多少人，或者你希望自己拿到的薪水属哪一级别。请时刻记住：你必须竭尽所能地发挥出自己的优势，使之与行业提供的工作机会完美匹配。

(4)提纲式地列出一份今后 3 ~5 年的职业行动计划

这一步主要涉及一些具体的内容。请你拟订一份实现上述第二步列出的每一个目标的行动计划，并且详细地说明为了实现每一个目标，你要做的每一件事，何时完成这些事。如果你觉得你需要一些外界帮助，请说明你需要何种帮助和你如何获取这种帮助。例如，你的个人 SWOT 分析可能表明，为了实现你理想中的职业目标，你需要进修更多的管理课程，那么，你的职业行动计划应说明要参加哪些课程、什么水平的课程以及何时进修这些课程等。你拟订的详细的行动计划将帮助你作决策，就像外出旅游前事先制订的计划将成为你的行动指南一样。

(5)寻求专业帮助

能分析出自己职业发展及行为习惯中的缺点并不难,但要以合适的方法改变它们却很难。相信你的父母、老师、朋友、上级主管、职业咨询专家都可以给你一定的帮助,特别是很多时候借助专业的咨询力量会让你大走捷径。有外力的协助和监督也会让你更好地取得效果。

很显然,做个人SWOT分析需要你的一些投入,而且还需认真地对待。当然要做好你的职业分析难度也很大,但是,不管通过什么渠道,进行一次详尽的个人SWOT分析却是值得的,因为当你做完详尽的个人SWOT分析后,将有一个连贯的、实际可行的个人职业策略供你参考。在激烈的职场竞争中,拥有一份挑战和乐趣并存、薪酬丰厚的职业是每一个人的梦想,但并不是每一个人都能实现这一梦想。因此,为了使你的求职和个人职业发展更具有竞争力,请认认真真地为你的职业发展做些实事吧。

其实,不管人们在准备做什么事情前,都可以进行SWOT分析,这样有利于做到心中有数,顺利实现目标。

2."5W"分析法

为自己设计职业生涯规划,可使用一些简便易行的方法。这里介绍一种"5W法"——用5个"W"归零思考。这是一种被许多人士成功应用的方法,依托的是归零思考的模式,从问自己是谁开始,如果能够成功回答完5个问题,你就有最后答案了。

5个"W"是——

①Who are you?(你是谁?)

②What do you want?(你想做什么?)

③What can you do?(你会做什么?)

④What can support you?(环境支持或允许我做什么?)

⑤What can you be in the end?(我的职业和生活规划是什么?)

回答了这5个问题,找到它们的最高共同点,你就有了自己的职业生涯规划。如果你有,先取出五张白纸、一支铅笔、一块橡皮。在每张纸的最上边分别写上上述5个问题,然后静下心来,排除干扰,按照顺序独立地仔细思考每一个问题。

对于第一个问题"我是谁",回答的要点是:面对自己,真实地写出每一个想到的答案;写完了再想想有没有遗漏,认为确实没有了再按重要性进行排序。

对于第二个问题"我想干什么",可将思绪回溯到孩童时代,从人生初次萌生第一个想干什么的念头开始,然后随年龄的增长回忆自己真心向往过、想干的事,并一一记录下来,写完后再想想有无遗漏,确实没有了就认真地进行排序。

对于第三个问题"我能干什么",则要把确实已证明的能力和自认为还可以开发出来的潜能都一一列出来,认为没有遗漏了就认真地进行排序。

第四个问题"环境支持或允许我干什么",回答则要稍作分析:环境有本单位、本市、本省、本国和其他；环境自小到大，只要认为自己有可能借助的环境都应在考虑范畴之内。在这些环境中认真想想自己可能获得什么支持和允许，搞明白后一一写下来，再以重要性排列一下。

如果能够成功回答第 5 个问题"我的职业和生活规划是什么"，你就有了最后的答案。

做法是：把前四张纸和第五张纸一字排开，然后认真比较第一至第四张纸上的答案。将内容相同或相近的答案用一条横线连起来，你会得到几条连线，而不与其他连线相交的，又处于最上面的线就是你最应该去做的事情，你的职业生涯就应该以此为方向。你要在此方向上以三年为周期，提出近期、中期与远期的目标，然后在近期的目标中提出今年的目标，将今年的目标分解为每季度目标、每月目标、每周目标、每天目标。这样，你每天睡前就可以对照自己的目标进行反省，总结当日成就与失误、经验与教训，修正明天的目标与方法，第二天醒来后稍加温习就可以投入行动了，这样日积月累便没有不能实现的规划。

案例1

有三个人获罪被关进监狱三年，监狱长许诺满足每人一个要求。美国人爱抽雪茄，要了三箱雪茄；法国人最浪漫，要了一个美丽的女子相伴；而犹太人要了一部与外界沟通的电话。三年过后，第一个冲出来的是美国人，嘴里、鼻孔里塞满了雪茄，大喊道："给我火，给我火！"原来他忘了要火了。接着出来的是法国人。只见他手里抱着一个小孩子，美丽女子手里牵着一个小孩子，肚子里还怀着第三个孩子。最后出来的是犹太人，他紧紧握住监狱长的手说："这三年来我每天与外界联系，我的生意不但没有停顿，反而增长了 200%，为了表示感谢，我送你一辆劳施莱斯！"

案例分析

什么样的选择决定什么样的生活。今天的生活是由我们的选择决定的，而今天的抉择将决定我们今后的生活。

案例2

说到上大学之后的梦想，我想，许多人心中都有一个扎根于自己灵魂深处的梦想，我也不例外。飞行的梦想在我一进入大学时就深深地扎根在了我的心里。可以说，四年来，我唯一追寻的梦想就是做一名飞行员。万事开头难，还没接触这一行的时候我就知道想要在这一领域成功，就必须付出比常人多百倍的努力。

要想成为一名飞行员，身体素质这一点是最基本的，也是最重要的。于是我便给自己制订了近乎疯狂的计划和标准，其中最难坚持的就是每天跑 4 000 米。武汉的冬寒夏炎让我一开始觉得很难坚持，但是想到终有一天我能飞上蓝天，一切异样的目光和困难都被抛诸脑后了。作为一名工程专业的学生，英语是相对薄弱的一个环节，可这也是飞行员考试必不可缺的一项要求。于是，面对镜子练习口形和发音成为我每天的必修课。

就这样，我每天为自己的梦想而执着地努力着。梦想无时无刻不在激励着我，与此同时，周围许多人异样的甚至是不信任的目光也灼烧着我。我也有过害怕的时候，也有过无助的时候，甚至有过退缩的时候……但是，家人、学校、朋友给予了我巨大的帮助和支持，让我有勇气和信心坚持下去。现在，我的梦想大体也算是达成了，我也希望所有江城学院的同学、朋友能够坚持自己最初的梦想，用坚定的信念和坚韧的步伐一直坚持下去。总有一天梦想的橄榄枝会朝你招手。

——刘畅《痴人说梦》

刘畅简介：男，贵州省贵阳市清镇十五中（原红枫子校）毕业，2007年考入中国地质大学江城学院土木工程专业（房屋建筑方向）。在校期间任校大学生艺术团团长，曾赴湖北省恩施土家族苗族自治州来凤县大河镇支教，做过武汉邦华健身中心动感单车兼职教练，曾获2008年"中国学生领袖·艺术精品展示"全国大赛萨克斯大学组金奖、第六届湖北省大学生英语演讲比赛分赛区一等奖和多项校级荣誉。2011年毕业后入职中国国际航空股份有限公司，任飞行人员。

（资料来源：李国昌．早安青龙山：中国地质大学江城学院大学生奋斗纪实[M]．武汉：中国地质大学出版社，2011：58-59．）

案例分析

案例中涉及本章的哪些知识点，结合案例谈谈自己的感受。

互动体验1

与自己签订学习合约

活动内容：

1．这学期开学这么久了，你是不是一直有一个学习目标还没有实现？那么仔细想一想，再认真考虑一下接下来的10天的学习目标和学习任务。

2．注意：这10天的学习任务要切实可行，同时要符合你的实际，目标不要定得太不切实际而完成不了，也不要过低而没有挑战性。

3．你所制订的学习计划和学习任务要具体，如每周去两次图书馆，每天记15个英语单词，10天看完两本专业书籍等。

4．仔细考虑接下来10天的学习计划和目标，将这份"与自己签订学习合约"认真填写好。

5．将填写好的合约交给你的老师或者同学保管，10天以后再将合约返还给你，同时邀请你的同桌或者好友对你的学习情况进行监督。

6．你每天记录好自己的学习情况，以便填写和检查你的学习合约的实施情况。

7．10天之后填写合约的执行情况，反思你对自己的学习合约的实施情况。

说明：合约的期限可以改变，为了便于集体讨论和评估，建议整个班级用一个统一的期限。

活动时间：分两次进行，10天前制订合约用20分钟时间，10天后讨论反馈用30分钟时间。

活动地点：教室。

与自己的学习合约

合约说明：这份合约是我对自己的一个承诺，我会遵守我的学习合约，如期高质量地完成我的学习合约中所规定的学习内容。

合约内容：

合约的期限是10天，在这10天中，我将完成以下学习任务：

<table>
<tr><th colspan="2">学习目标</th><th>具体完成情况
（10天后根据学习记录填写）</th><th>原因</th></tr>
<tr><td rowspan="3">学习目标1</td><td>具体项目1</td><td></td><td rowspan="3">客观
主观</td></tr>
<tr><td>具体项目2</td><td></td></tr>
<tr><td>具体项目3</td><td></td></tr>
<tr><td rowspan="3">学习目标2</td><td>具体项目1</td><td></td><td rowspan="3">客观
主观</td></tr>
<tr><td>具体项目2</td><td></td></tr>
<tr><td>具体项目3</td><td></td></tr>
<tr><td rowspan="3">学习目标3</td><td>具体项目1</td><td></td><td rowspan="3">客观
主观</td></tr>
<tr><td>具体项目2</td><td></td></tr>
<tr><td>具体项目3</td><td></td></tr>
<tr><td colspan="4">说明：你的学习目标和需要完成的具体的学习项目根据你的自身实际情况而定。</td></tr>
</table>

合约制订者：（签名）

年　　月　　日

［讨论］

1. 向大家介绍一下你的合约内容，合约签订之后这10天里你的思想和行动发生了哪些变化？

2. 你如期完成了合约内容吗？若完成了你的合约，谈谈你是如何信守学习合约并一步步完成的。若你没有完成，谈谈造成你违约的原因是什么？

互动体验2

准备一张白纸和尽可能多的彩色铅笔，根据生涯全程彩虹图的演示，分析自己过去、现在、将来所扮演的各种角色，在白纸上画出彩虹图。用不同颜色的笔区分每一种角色，并根据自己目前各种角色投入的精力和时间以及对未来所要扮演的角色预期投入精力和时间的多少给予不同的色重。

本章小结

职业生涯主要指一个人职业发展的全部过程和体验，可分为外职业生涯与内职业生涯，内职业生涯具有更强的可控性，应该成为大学生职业生涯规划的核心。职业生涯发展分为五个阶段，不同的发展阶段面对着不同的生涯发展任务，大学生应合理制定职业生涯规划。

职业生涯规划，是指在对个人职业生涯的主客观条件进行测定、分析、总结的基础上，对自己的兴趣、爱好、能力、特点进行综合分析与权衡，确定最佳的职业奋斗目标，并为实现这一目标作出行之有效的安排。影响职业生涯规划的因素包括外在因素和个人因素。外在因素主要有社会环境、教育背景、家庭环境等；个人因素主要有兴趣、性格、洞察力、自我认识、意志等。

我们在制定职业生涯规划的时候，要把握可行性原则、挑战性原则、动态性原则、阶段性原则和可评估性原则，采取行之有效的方法，按照职业生涯规划的一般步骤，来制定适合自己的职业生涯规划。大学生正处在职业生涯发展的关键时期，要不断提高自己的职业生涯规划意识，通过不断的探索、实践来完善自己的职业生涯规划，为成就以后的事业奠定良好的基础。

思考题

1. 什么是职业生涯？职业生涯如何分类？
2. 简述职业生涯规划的基本理论，并分析影响职业生涯规划的因素。
3. 职业生涯规划对大学生有怎样的重要意义？为什么要做职业生涯规划？
4. 职业生涯规划的原则和要素有哪些？
5. 职业生涯规划的步骤有哪些？
6. 进入大学，你自己的职业生涯规划报告是如何制定的？

第五章　时间管理

［学习目标］

1. 让学生了解时间的重要性、时间的本质。

2. 让学生把握时间管理的内涵。

3. 让学生了解时间管理的原则、方法和技巧，使其学会有效时间管理。

［导入］

深夜，危重的病人迎来了他生命的最后一分钟，死神如期来到他的身边……在此之前，死神的形象在他的脑海中曾闪现过几次！

隔着氧气罩，他含糊地对死神说：再给我一分钟，就一分钟，好吗？

死神说：你要一分钟干什么？

他说：我想要用这一分钟看看天，看看地，想想我的朋友和亲人，如果运气好的话，我还能看到一朵花由封闭到开放。

死神说：你的想法不错，但我不能答应你。这一切，都留了时间给你欣赏，你却没有珍惜。你看一下我给你列的这份账单：你有三分之一多的时间在睡觉！在剩下的 30 年中，你经常拖延时间，曾经叹息时间过得太慢的次数是一万次，平均每天一次，其中包括你少年时期在课堂上，青年时期在和朋友约会时，中年时期下班前和老年时期等待退休的日子里。在你的生命中，你几乎每天都觉得时间太慢、太难熬，你也因此想出了许许多多排遣无聊、消磨时间的办法！其明细账大致可罗列如下：

你做事拖延的时间，从青年到老年，一共耗去了 6 500 小时，折合成分钟是 39 万分钟。喝酒，每顿以 1 小时计(实际远非这个数)，从青年到老年，也不低于打麻将的时间。此外，同事之间的应酬，上班时间狂侃甲 A 联赛以及各种臭电视剧，拿着一张报纸出神，吐烟圈，对张三说李四的坏话，对李四又说张三的坏话，又耗去了你不低于打麻将和喝酒的时间。除了这些，你还无数次叹息生命的无聊空虚寂寞。为此，你还强拉邻居、同事或下属打麻将、扑克，甚至强抢小孩子的电子游戏机。后来，你还赶潮流学人家上网，化名“温柔帅哥”，每天十几个小时泡在聊天室里和一大群真真假假的女人找感觉……你还和人煲电话粥。没事上街闲逛，在马路上看人下棋，一看就是数小时。你还开了无数次有较强催眠作用的会，这使得你的睡眠时间远远超出了 30 年。而且你又主持了许多类似的会，使更多的人的睡眠也和你一样超标……还有……

死神想继续往下念的时候,发现病人眼中的生命之火已经熄灭了,于是长叹一口气说:"如果你活着时,能想着节约一分钟的话,你就可以听完我给你记下的账单了,真可惜,我辛辛苦苦的工作又算白费了,世人怎么都是这样,总等不到我动手,就后悔得死了。"

在我们的生命里程中,死神的账单早晚有一天要来的,但是当这个账单到来的时候,你是怎么来对待它呢?是无怨无悔呢?还是后悔得要死呢?生命是怎么过的?很多人都认为没有时间了,以后再说吧,我以后再考虑吧,很多时候我们都把时间给浪费掉了!

时光会倒流吗?太阳会西升东落吗?我可以纠正昨天的错误吗?我能抚平昨日的创伤吗?我能比昨天年轻吗?一句出口的恶言,一记挥出的拳头,一切造成的伤痛,能收回吗?

不能!过去的永远过去了。

命运之神是公平的,他给每个人的时间都是公平的,他给每个人的时间都不多不少,但成功女神却是挑剔的,她只让那些能把24小时变成48小时的人接近她。时间对每个人来说都是公平的,不会因人而异。但会管理时间的人,将把握住时间,不虚度光阴,成就美好人生。

第一节　时间管理的内涵

你会管理时间吗?要学会管理时间,首先要对时间有深入的认识。它的本质是什么?如何对时间进行划分?时间管理有哪些误区?这些都是我们必须掌握的知识。

一、时间的本质

时间是什么?

目前,最广泛被接受的关于时间的物理理论是阿尔伯特·爱因斯坦的相对论。在相对论中,时间与空间一起组成四维时空,构成宇宙的基本结构。时间与空间都不是绝对的,观察者在不同的相对速度或不同时空结构的测量点,所测量到时间的流逝是不同的。狭义相对论预测一个具有相对运动的时钟的时间流逝比另一个静止的时钟的时间流逝慢。另外,广义相对论预测质量产生的重力场将造成扭曲的时空结构,并且在大质量(例如:黑洞)附近的时钟的时间流逝比在距离大质量较远的地方的时钟的时间流逝要慢。现有的仪器已经证实了这些相对论关于时间所做的精确预测,并且其成果已经应用于全球定位系统。

就今天的物理理论来说,时间是连续的、不间断的,也没有量子特性。但一些至今还没有被证实的,试图将相对论与量子力学结合起来的理论,如量子重力理论、弦理论、M理论,预言时间是间断的、有量子特性的。一些理论猜测普朗克时间可能是时间的最小单位。

英国伟大的物理学家、黑洞理论和"大爆炸"理论的创立人斯蒂芬·霍金撰写的《时间简史》这样描述时间的本质:时间随宇宙的变化而改变。时间是因变量。Deng's时间公式:

$$t = T(U, S, X, Y, Z, \cdots)$$

式中，U 为宇宙；S 为空间；$X,Y,Z,\cdots$ 为按顺序排列的事件。

时间是宇宙事件秩序的计量。

从人类诞生开始人们就知道时间是不可逆的，人出生、成长、衰老、死亡，没有反过来的。玻璃瓶掉到地上摔破，没有破瓶子从地上跳起来合整的。从经典力学的角度上来看，时间的不可逆性是无法解释的。两个粒子弹性相撞的过程顺过来、反过去没有实质上的区别。时间的不可逆性只有在统计力学和热力学的观点下才可被理论地解释。热力学第二定律认为，在一个封闭的系统中（我们可以将宇宙看成最大的可能的封闭系统）熵只能增大，不能减小。宇宙中的熵增大后不能减小，因此时间是不可逆的。

综上所述，我们把时间的本质概括为：

时间是物质运动的顺序性和持续性，其特点是一维性，是一种特殊的物质。我们不能创造时间，我们能做的，只能是正确地认识时间并有效地利用它。

时间有四个独特性质，即它的本质属性。

①供给毫无弹性。时间的供给量是固定不变的，在任何情况下都不会增加，也不会减少，每天都是 24 小时，所以我们无法开源。

②无法蓄积。时间不像人力、财力、物力和技术那样能被积蓄储藏。不论愿不愿意，我们都必须消费时间，所以我们无法节流。

③无法取代。任何一项活动都有赖于时间的堆砌，也就是说，时间是任何活动所不可缺少的基本资源。因此，时间是无法取代的。

④无法失而复得。时间一旦丧失，则会永远丧失。花费了金钱，尚可赚回，但倘若挥霍了时间，任何人都无力挽回。所以，曾国藩说："天可补，海可填，南山可移。日月既往，不可复追。"

二、时间的分类

时间可以花费在不同的事情上，因此就有了工作或学习时间、休闲时间、家庭时间、个人时间、思考时间等。

（一）工作或学习时间

用在工作或学习上的时间称为工作或学习时间，它是为了谋生以及充实生活。学习是谋生前的准备，或者是工作时的进修，也是为了充实生活。工作并不是生命的全部，活到老、学到老的终身学习时代已经来临。学习的重要性与日俱增，每个人都必须抽出一部分时间来学习知识或者熟悉新事物。

（二）休闲时间

休闲时间包括休息、睡眠及体育活动。人生就像马拉松比赛一样，不要一开始就猛冲，浪费甚至透支了体力。要懂得放松，要养成一种良好的睡眠、休闲以及运动的习惯，才能把个人的身体状况调整到最佳状态。

(三)家庭时间

家庭是休息最佳的避风港,只有家人与自己没有所谓的利害关系。要跟家人真心地相处,不要到了需要时才回家;不要等到失去时,才懂得去珍惜亲情。

(四)个人时间

个人时间是用来修身养性、充实自我的,是完全属于个人独自享受的时间。个人时间就是自己跟自己约会的那种时间。每个人不论是求学还是工作,甚至在家中,都有一种不允许被侵犯的个人时间,利用这些时间人们可以充实自己。

(五)思考时间

思考时间就是思考过去、现在和未来的时间。思考时间可着重用在计划自己未来的发展,也可用在反省以前自己所做的事情是否正确、是不是值得等。思考如何改进、如何调整、如何让自己变得更好,而不必特别为了什么目的思考,可以天马行空地去想象,可以胡思乱想。如果发现了一些好的想法或者是一些好的理念,就应该立刻把它记下来。

三、时间管理的内涵

日常工作中,很多人因为事情太多,忙得晕头转向,但是只要时间管理恰当,工作就会井井有条,多而不乱。时间是可以被管理的。

那么,时间管理是什么,即如何减少时间浪费,以便有效地完成既定目标?时间管理也是一种自我管理,即改变习惯,以令自己更富绩效、更富效能、更有效果。在这里,我们区分两个容易混淆的概念:效率与效能。效率——在规定时间内把事情很快地做完。效能——在规定时间内把事情很快、很对地做完。

案例1

如果银行每天早晨向你的账户拨款8.64万元。你在这一天可以随心所欲,想用多少就用多少,用途也没有任何的规定。条件只有一个:用剩的钱不能留到第二天再用,也不能节余归自己。前一天的钱你用光也好,分文不花也好,第二天你又有8.64万元。请问:你如何用这笔钱?

不同的人会有不同的答案,赢得不同的结果。时间青睐有准备的人,青睐能有效管理时间的人。正如麦金西所言:“时间是世界上一切成就的土壤。时间给空想者痛苦,给创造者幸福。”空想者和创造者的最大区别就在于:前者是时间的奴隶,后者是时间的主人。

四、时间管理的误区

所谓“时间管理的误区”,是指导致时间浪费的各种因素。

误区之一:缺乏计划。尽管计划的拟订能给我们诸多的好处,但有的人从来不做计划。原因如下:因过分强调“知难行易”而认为没有必要在行动之前多做思考;不做计划也能获得实效;不了解做计划的好处;不知如何做计划等。

案例2

在房子燃烧的紧要关头,消防队员是否应该拿起水龙头或灭火筒进行抢救,还是应该花费少许时间辨别方向、寻找水源、分派工作,然后再进行抢救?

误区之二:时间控制不够。如:习惯拖延时间,不擅拒绝不速之客、无聊电话的打扰,不擅利用“零碎”时间等。

误区之三:整理整顿不足。如:面对杂乱无章的办公桌或电脑桌面,你能否迅速找到工作中所需要的各种资料?

误区之四:进取意识不强。“人最大的敌人就是自己”,有些人让时间白白流逝而无悔痛之意,最根本的原因就是缺乏进取意识,缺乏对生活和工作的责任感和认真态度。如:个人态度消极,做事拖拉找借口,做白日梦,工作中经常闲聊等。

五、时间管理的理论

迄今,许多学者都十分关注时间管理,他们的探索也推动了时间管理理论的发展。具体来说,时间管理理论经过了四个发展阶段。

1. 第一代时间管理理论

第一代时间管理理论十分注重便条与备忘录的运用。这种管理方式可以将目标细化,并且具有提醒、督促计划执行的作用。

2. 第二代时间管理理论

第二代时间管理理论强调运用计划与日程表。这种改变,反映出人们已经开始意识到计划未来的重要性。虽然这一理论使人的自制力和效率都有所提高,但是仍然没有注意到事情的轻重缓急。

3. 第三代时间管理理论

第三代时间管理理论是目前最流行的观念。它强调优先顺序,也就是依照轻重缓急制定短、中、长期目标,再逐日订立实现目标的计划。

4. 第四代时间管理理论

第四代时间管理理论,在前三者的基础上,以原则为中心,配合个人的使命感,兼顾重要性与紧迫性,注重生命因素的均衡发展,始终把个人精力的焦点放在“重要”的事务上。

第二节　时间管理的方法与技巧

时间管理是自我管理中一项十分重要的内容,大凡业绩卓著的人都是具有高效时间管理的人,本节将介绍几种进行有效时间管理的方法和技巧,希望借此机会对你合理安排自己的工作、学习与生活，最大限度地发挥时间的效力，提高工作或学习效率，实践自己的人生目标有所帮助。成功者与失败者的差别不在于他们拥有时间的多少，而在于他们如何来掌控时间。

一、时间管理的原则

（一）明确目标

人生旅途上，没有目标就如在黑暗中行走，不知该往何处。有目标才有方向，目标是前进的推动力，能够淋漓尽致地激发人的潜能。明确的目标对于构建成功人生至关重要。

1. 目标刺激我们奋勇向上

目标能够刺激我们奋勇向上，但是，对许多人来说，拟定目标实在不是一件容易的事，原因是我们每天单是忙日常工作就已透不过气，哪还有时间好好想想自己的未来。

事实上，随波逐流，缺乏目标的人，永远没有淋漓尽致地发挥自己的潜能。因此，我们一定要做一个目标明确的人，生活才有意义。

案例3

赖嘉随父母迁到亚特兰大市时年仅四岁。他的父母只有小学五年级的学历，因此当赖嘉表示要上大学时，他的亲友大多表示不支持，但赖嘉心意已决，最后果真成为家中唯一进大学的人。但是一年之后，他却因为贪玩导致功课不及格而被迫退学。在接下来的六年，他过着得过且过的生活，毫无人生目标。他大多数时候都在一家低功率的电台担任导播，有时也替卡车卸货。

有一天，他拿起柯维的第一本著作《相会在巅峰》，从那时起，他对自己的看法完全改变了，发现自己有不平凡的能力。重获新生的赖嘉，终于了解到目标的重要性。的确，目标决定我们的将来。赖嘉的目标是重返大学，然而他的成绩实在太差了，以致连遭大学拒绝两次。在遭到第二次拒绝之后的某天，赖嘉无意间撞见院长韩翠丝，他趁机向她剖明心志。结果，院长答应了他的请求，准许他入学，但有一个附加条件：他的平均分数要达到乙等，否则就要被再度退学。

赖嘉一改过去的散漫态度，以信心坚定、目标明确、内心无畏的姿态，重新踏入校门。他每季平均进修多个学分。经过2年零3个月，赖嘉以优异的成绩取得了学位，紧接着再迈向更高的目标。

如今，这个伐木工人的儿子已成为赖嘉博士，他还在美国发展最迅速的教会担任牧师。

从上面的例子我们可以看出，有目标才有结果，目标能够激发我们的潜能。

2. 目标的设定

然而，制定目标不是一件容易的事。我们究竟如何选择或是制定正确的目标呢？我们认为在选择或制定目标时应考虑两个方面：一是目标要符合自己的价值观；二是要了解自己目前的状况。

请记住：成功完全是一种个人现象，只有你所完成的事情和你的价值观相符，你才会觉得成功。

案例4

1796 年的意大利战役中，拿破仑率装备极差的 3 万部队，同反法联军进行了 14 次会战、70 次战斗，全部获胜，歼敌 25 万余人。在谈到这一系列的胜利的时候，他说："其实欧洲有很多优秀的将领，只是他们期待的太多，而我心目中只有一个，那就是——消灭敌人的兵力。"

社会就是一个大战场，我们在这个战场上的不同角落，在同现实、同他人，更是同自己作战。拿破仑所说的"他们期待的太多"，应该是包括他们期望一战成名，想如何通过作战来提升自己在上司、国家元首心目中的形象，捞些政治的、经济的资本，如何将国家的军事主动权掌握在自己手上，如何牵制自己在政治上的竞争对手，如何把战争打得更巧妙、更有艺术性，等等。

同样，我们不断追求新的目标，不断地提升自己的知识、素质与能力，要找好工作，要买房、买车，改善生活，健身，想晋升，拿文凭，涨薪水，长脸面……我们是否也陷入了"期待太多"的怪圈？

案例5

许多年前，某报做过 300 条鲸鱼突然死亡的报道。这些鲸鱼在追逐沙丁鱼时，不知不觉被困在一个海湾里。报道上说："这些小鱼把海上巨人引向死亡。鲸鱼因为追逐小利而暴死，为了微不足道的目标而空耗了巨大力量。"

3. 制定具体目标遵循"SMART"原则

一个目标应该具备以下五个特征才可以说是完整的：具体的（Specific）、可衡量的（Measurable）、可达到的（Attainable）、相关的（Relevant）、基于时间的（Time-based）。

（1）具体的

有人说："我将来要做一个伟大的人。"这就是一个不具体的目标。目标一定要具体，比如你想把英文学好，那么你就定一个目标：每天一定要背十个单词、一篇文章。

案例6

有人曾经做过一个试验，他把人分成两组，让他们去跳高。他对第一组说："你们能够跳过 1.2 米。"对第二组说："你们能够跳得更高。"结果，第一组每个人都跳过 1.2 米，第二组的人因为没有具体目标，所以大多数人都没跳过 1.2 米。这就是有和没有具体目标的差别所在。

（2）可衡量的

任何一个目标都应有可以用来衡量目标完成情况的标准，你的目标越明确，就越能提供给你更多的指引。

(3)可达到的

不能达到的目标只能说是幻想,白日做梦,太轻易达到的目标又没有挑战性。

(4)相关的

目标的制定应考虑和自己的生活、工作有一定的相关性,要具有现实的意义而不能陷于空想。

(5)基于时间的

任何一个目标的设定都应该考虑时间的限定,比如说:“我一定要拿到律师证书。”目标应该很明确了,只是不知是在一年内完成,还是十年后才完成?

(二)有计划、有组织地进行工作

所谓有计划、有组织地进行工作,就是把目标正确地分解成工作计划,通过采取适当的步骤和方法,最终达成有效的结果。

1. 有计划的好处

①可以更好地实现工作及生活目标。

②节约时间。

③对所有项目、工作以及活动一目了然。

④获得阶段性的胜利以及把所完成的任务“一笔勾销”,享受成功的喜悦。

⑤减少忙碌与压力,可以更好地安排每天的工作进程。

⑥增强信心,提高自我约束力。

⑦提高计划制订者的条理性和逻辑性。

2. 怎样制订计划

①确立目标。

②探寻完成目标的各种途径。

③选定最佳的完成方式。

④将最佳途径转化成月、周、日的工作事项。

⑤编排月、周、日的工作次序并加以执行。

⑥定期检查目标的现实性以及完成目标的最佳途径的可行性。

3. 行动计划表

①将明确的目标写下来。

②采取什么行动以完成目标。

③要考虑优先次序并应订立完成日期。

④要考虑每项行动需要多长时间并应该预留时间用于不可估计的突发事情。

案例7

有个同学举手问老师："老师，我的目标是想在一年内赚100万！请问我应该如何计划我的目标呢？"

老师便问他："你相不相信你能达成？"他说："我相信！"老师又问："那你知不知道要通过哪个行业来达成？"他说："我现在从事保险行业。"老师接着又问他："你认为保险业能不能帮你达成这个目标？"他说："只要我努力，就一定能达成。"

"我们来看看，你要为自己的目标做出多大的努力，根据我们的提成比例，100万元的佣金大概要做300万元的业绩。一年为300万元业绩。一个月为25万元业绩。每一天约为8 300元业绩。"

老师说："每一天8 300元业绩。大概要拜访多少客户？"

他说："大概要50个人。"老师接着说："那么一天要50人，一个月要1 500人，一年呢？就需要拜访18 000个客户。"

这时老师又问他："请问你现在有没有18 000个A类客户？"他说没有。"如果没有的话，就要靠陌生拜访。你平均一个人要谈多长时间呢？"他说："至少20分钟。"老师说："每个人要谈20分钟，一天要谈50个人，也就是说你每天要花超过16个小时在与客户交谈上，还不算路途时间。请问你能不能做到？"他说："不能。老师，我懂了。这个目标不是凭空想象的，是需要凭着一个能达成的计划而定的。"

启迪：目标不是孤立存在的，目标与计划是相辅相成的，目标指导计划，计划的有效性影响着目标的达成。所以在执行目标的时候，要考虑清楚自己的行动计划，怎么做才能更有效地完成目标，是每个人都要想清楚的问题。否则，目标定得越高，达成的效果越差！

案例8

美国的成功学家格林演讲时，时常对观众开玩笑地说，美国最大的快递公司——联邦快递，其实是他发明的。其实，他的确有过开办一个能够将重要文件在24小时之内送到任何目的地的公司的主意，但一直没有付诸行动，直到有一个名叫弗雷德·史密斯的家伙创建了联邦快递公司才追悔莫及。

这个故事的教训是：成功地将一个好主意付诸实践，比在家空想出一千个好主意要有价值得多。

（三）分清工作的轻重缓急

1. 事情"缓急轻重"测试

请看下面的行事次序，看看你自己平时喜好用哪种方式？

①先做喜欢做的事，然后再做不喜欢做的事。

②先做熟悉的事，然后再做不熟悉的事。

③先做容易做的事，然后再做难做的事。

④先做只需花费少量时间即可做好的事,然后再做需要花费大量时间才能做好的事。

⑤先处理资料齐全的事,然后再处理资料不全的事。

⑥先做已排定时间的事,然后再做未排定时间的事。

⑦先做经过筹划的事,然后再做未经筹划的事。

⑧先做别人的事,然后再做自己的事。

⑨先做紧迫的事,然后再做不紧要的事。

⑩先做有趣的事,再做枯燥的事。

⑪先做易于完成的整件事或易于告一段落的事,然后再做难以完成的整件事或难以告一段落的事。

⑫先做自己所尊敬的人或与自己关系密切的利害关系人所拜托的事,然后再做其他人所拜托的事。

⑬先做已发生的事,后做未发生的事。

以上的各种行事准则,从一定程度上说大致都符合有效的时间管理的要求。我们既然是以目标的实现为导向,那么在一系列以实现目标为依据的待办事项中,到底哪些应该先着手处理,哪些可以延后处理,哪些甚至不予处理?一般认为是按照事情的紧急程度来判断。假如越是紧迫的事,其重要性越高,越不紧迫的事,其重要性越低,则依循上面的判断规则。可是在多数情况下,越是重要的事偏偏不紧迫,如果我们按事情的"缓急程度"办事的话,不但使重要的事情的履行遥遥无期,而且经常使自己处于危机或紧急状态之下,最大的恶果是原本重要不紧急的事必然会转化为重要又紧急的事。

2."第二象限组织法"

有时,人们还以事情的"重要程度"来优先处理事情。所谓"重要程度",即指对实现目标的贡献大小。值得注意:虽然有以上的理由,我们也不应全面否定按事情"缓急程度"办事的习惯,只是需要强调的是,在考虑行事的先后顺序时,应先考虑事情的"轻重",再考虑事情的"缓急"——也就是我们通常采用的"第二象限组织法"。

我们以下面的时间管理的方法来探讨"急事"与"要事"的关系,如图5.1所示。

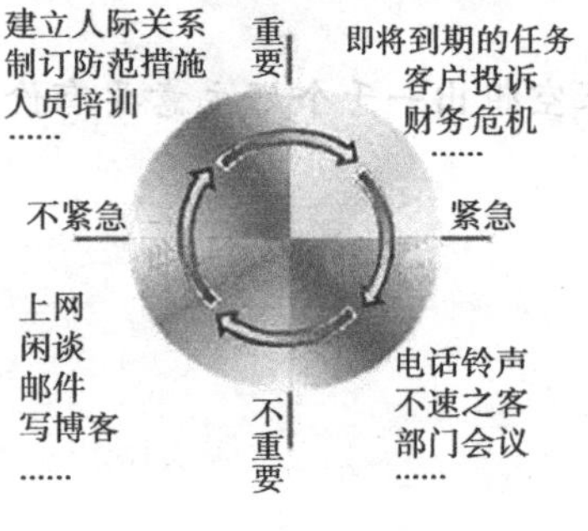

图5.1 四象限图

①第一象限:重要又紧急的事。诸如应付难缠的客户、准时完成工作、住院开刀等。这是考验我们经验、判断力的时刻,需要我们尽全力解决。因此,偏重于第一象限的事务,容易产生压力,使自己筋疲力尽,忙于收拾残局。

②第二象限:重要但不紧急的事。主要是与生活品质有关,包括长期的规划、问题的发掘与预防、参加培训、向上级提出处理问题的建议等。荒废这个领域将使第一象限日益扩大,使我们陷入更大的压力,在危机中疲于应付。反之,多投入一些时间在这个领域,有利于提高实践能力,缩小第一象限的范围。做好事先

的规划、准备与预防措施,很多急事将无从产生。这个领域的事情不会对我们造成催促力量,因此必须主动去做,这是发挥个人领导力的领域。因此,偏重第二象限能使自己有远见、有理想,注重纪律、自制,减少危机。

③第三象限:紧急但不重要的事。表面看似第一象限,因为迫切的呼声会让我们产生"这件事很重要"的错觉,但实际上就算重要也是对别人而言的。电话、会议、突来访客都属于这一类。我们花很多时间在这个里面打转,自以为是在第一象限,其实不过是在满足别人的期望与标准。偏重第三象限容易造成短视近利,疲于危机处理。

④第四象限:不紧急也不重要的事。简而言之就是浪费生命,所以根本不值得花半点时间在这个象限。但我们往往在第一、三象限来回奔走,忙得焦头烂额,不得不到第四象限去疗养一番再出发。这部分范围倒不见得都是休闲活动,因为真正有创造意义的休闲活动是很有价值的。然而像阅读令人上瘾的无聊小说、观看毫无内容的电视节目、办公室聊天等,这样的休息不但不是为了走更长的路,反而是对身心的毁损,刚开始时也许有滋有味,到后来你就会发现其实是很空虚的。

⑤高效能组织的优先矩阵安排应该是:第一象限(紧急、重要):20% ~30% ;第二象限(重要、不紧急):50% ~60% ;第三象限(紧急、不重要):15% ~20% ;第四象限(不重要、不紧急):1% ~5% 。现在,你不妨回顾一下上周的生活与工作,你在哪个象限花的时间最多?请注意,在划分第一和第三象限时要特别小心,紧急的事很容易被误认为重要的事。其实二者的区别就在于这件事是否有助于完成某个重要的目标,如果答案是否定的,便应归入第三象限。

案例9

一个教学生做时间管理的老师,上课时带来两个大玻璃缸、一堆大小不一的石头及沙子。他做了一个实验,在其中一个玻璃缸中先把小石、沙倒进去,最后大石头就放不下了。而另一个玻璃缸中先放大石头,其他小石头和沙却可以慢慢渗入。

他以此为比喻说:"时间管理就是要找到自己的优先级,若颠倒顺序,一堆琐事占满了时间,重要的事情就没有空位了。"

(四)合理地分配时间

案例10

穆尔于1939年大学毕业后,在哥利登油漆公司找到一份业务员的工作。当时的月薪是160美元,但满怀雄心壮志的他仍拟订了一个月薪1 000美元的目标。当穆尔逐渐对工作感到得心应手后,他立即拿出客户资料以及销售图表,以确认大部分的业绩来自哪些客户。他发现,80%的业绩来自20%的客户,同时,不管客户的购买量大小,他花在每个客户身上的时间都是一样的。于是,穆尔的下一步就是将其中购买量最小的36个客户退回公司,然后全力服务其余20%的客户。

结果如何？第一年，他就实现了月薪1 000美元的目标，第二年便轻易地超越了这个目标，而成为美国西海岸数一数二的油漆制造商。最后还当了凯利穆尔油漆公司（Kelly-Moore Paint Company）的董事长。

这个故事除了告诉我们树立正确的目标的重要性，还体现了巴列特定律（也称80/20原理）：总结果的80%是由总消耗时间中的20%所形成的。按事情的"重要程度"，编排行事优先次序的准则建立在"重要的少数与琐碎的多数"的原理的基础上。举例说明：

80%的销售额源自20%的顾客；

80%的电话来自20%的朋友；

80%的总产量来自20%的产品；

80%的财富集中在20%的人手中……

80/20原理对我们的一个重要启示便是：避免将时间花在琐碎的多数问题上，因为就算你花了80%的时间，你也只能取得20%的成效。所以，你应该将时间花在重要的少数问题上，因为掌握了这些重要的少数问题，你只需花20%的时间，即可取得80%的成效。

掌握重点可以让你的工作计划不致产生偏差。一旦一项工作计划成为危机时，犯错的概率就会增加。我们很容易陷在日常琐碎的事情处理中。但是能有效进行时间管理的人，总是确保最关键的20%的活动具有最高的优先级。

（五）与别人的时间取得协作

任何人类的组织，不论大小，都有其周而复始的节奏性、周期性；而我们作为社会或是团体组织中的一员，毫无疑问地要与周边部门或人发生必然的联系。在这种情况下，我们需要互相尊重对方的时间安排，也就是说要与别人的时间取得协调。

认清并适应组织的节奏性与周期性是成功的要素。你也许拥有全世界最伟大的广告构想，但是如果你在各公司都已经做完广告预算后才提出你的构想，你可能就不会有太好的运气，可能要等到几个月后，你的构想才会被慎重考虑，甚至可能会一不小心被扔到垃圾桶里去！同样，当我们需要到某一部门去参观学习，也需要提前与该部门人员进行预约，双方共同达成一个有关时间、地点、人员安排等的约定；否则，突如其来的打扰会令对方措手不及，甚至有可能将你拒之门外！

大家想想，我们是不是也在经常抱怨外部的打扰（电话、来访等）、突发事件？既然如此，我们是不是也应该站在对方的角度考虑问题，严格要求自己，提前做好计划与安排，与他人的时间取得协作，少一分慌乱，多一分从容！

（六）制定规则、遵守纪律

我们在成长的过程中，常被各种纪律所束缚，"没有规矩，不成方圆"，因为有纪律，我们才有秩序。在时间管理中，我们同样强调纪律与规则。制定规则、遵守纪律的核心主要体现在以下三个方面：

①在进行工作的时候，一定要念念不忘这个工作应于何时截止。

②即使外部没有规定截止的日期,自己也要树立一个何时完成的目标。

③由于不得已的原因而不能按期完成时,一定要提前和相关部门取得联系,将影响控制在最小范围内。

(七)寻找平衡

平衡学习、工作和生活。对于学习的时间分配可用下列原则:

划清界限、言出必行——对学习目标作出承诺后,一定要做到,但是希望其他时间得到谅解。

忙中偷闲——不要一投入工作就忽视了家人,有时10分钟的体贴比10小时的陪伴还更受用。

闲中偷忙——学会怎么利用碎片时间。

注重有质量的时间(Quality Time)——时间不是每一分钟都是一样的,有时需要全神贯注,有时坐在旁边上网就可以了。

在这个寻找平衡点的过程中,组织才能与时间管理的重要性能力尤为重要。但是,时间管理并不是教你买一本记事本,学会制订一个高效的日程表,也不是让你故意放慢速度,消极地应对生活中的压力。所谓寻找平衡点,就是寻找自己的生活、学习节奏,寻找自己心目中最重要的事,而且,还要注意同时顾及工作和私人生活两个方面。要想同时获得事业的成功与生活的幸福,我们必须在以下四大生活板块之间找到一个黄金平衡点:家庭与社会交际、夫妻关系、朋友、爱、外界关注、社会认同;事业与成就、成功、升职、金钱、稳定的生活;健康、饮食营养、充沛的体力、放松解压、精神状态;人生的意义与价值、自我实现、心理满足、信仰、哲学思考、关于未来的设想。一旦这几个部分之间出现了不平衡,生活就会开始向一边倾斜,甚至最终导致精神上的崩溃。

二、时间管理的方法与技巧

(一)设定目标

人生旅途上,没有目标就如在黑暗中行走,不知该往何处。有目标才有方向,目标是前进的推动力,能够淋漓尽致地激发人的潜能。明确的目标对于构建成功人生至关重要。

然而,制定目标不是一件容易的事。一个有效的目标必须具备这些特性:

①具体性。有效目标不能大而空,应具有阶段性和可操作性。为此,我们可以将大目标分解为一个个阶段性目标,再制订出高效的日程计划,以此督促自己朝向既定目标迈进。如果想成为一名"优秀的教师",那么需要将这一目标分解为一个个具体的行动,并制订细致可行的每日任务指标,如每天上课、备课、授课时间,学习研究时间等。

②可衡量性。任何目标都应该有可以用来衡量该目标完成情况的标准,包括衡量阶段性成果的控制点和衡量最后绩效的指标。

③可达性。无法企及的目标只能是白日做梦,而太轻易达到的目标则没有挑战性。成

功的目标设定应该既有挑战性，又不超出自己的能力所及，经过一番努力最终可以达成。

④任何目标都应该考虑时间的限定。

(二)有效规划每天的时间

要做到有效规划每天的时间，可以采用以下的方式方法：

①在适当的时间段做适当的工作和事情。有些工作需要全神贯注地投入，不能丝毫分心，例如写作或初学一种技术；有些工作无须太多的注意力就可完成，甚至在同一时期可以同时进行两种以上的工作，例如清洗碗盘、跑步、哼歌等；有些工作最初常要全神贯注，但熟练后无须太多的注意力，譬如弹琴。这是因为意识通常仅能专注在一件事上，所以需要脑力工作一次只能做一项，而潜意识则可以同时处理多种事情，当然这些事情必须是你所熟练的。

②把工作的特性和时间的特性有机地结合起来。有些时段容易受到干扰，适合无须全心全意的工作，甚至可以安排两件事情同时进行，比如一边接听电话，一边将档案归类；一边煮饭，一边听新闻。有些时段不受干扰，则可以考虑安排思考性的工作。

③不要把日程安排得太满。意外情况随时都有可能发生而占用你的时间，若日程太满就会穷于应付。因此，建议每天至少要为自己安排1小时的空闲时间，让工作和生活更加从容。

(三)合理安排零星时间

知道你的时间是如何花掉的。挑一个星期，每天记录下每30分钟做的事情，然后做一个分类(例如读书、准备GRE、和朋友聊天、社团活动等)和统计，看看自己什么方面花了太多的时间。凡事想要进步，必须先理解现状。每天结束后，把一整天做的事记下来，每15分钟为一个单位(例如：1:00—1:15等车，1:15—1:45搭车，1:45—2:45与朋友喝茶……)。在一周结束后，分析一下，这周你的时间如何可以更有效率地安排？有没有活动占太大的比例？有没有方法可以增加效率？

零星时间常常会被浪费，这非常可惜，其实零星时间占有很大的时间比例。我们常常需要处理一些琐碎但必需的工作，譬如，打电话回家问候父母身体是否健康、买椅垫、处理水电费账单、寄份资料给老同学等。可将这些琐事列在记事本里，随身携带，一有空便立即解决可以处理的事情。有些固定的零星时间可以规划妥当加以好好地利用，譬如用每天等车的时间来背英文单词，半年下来日常会话的词汇就都知道了；在电梯里思考一下如何与即将见面的人打招呼，这是建立良好人际关系的方法。善用零星时间往往会达到意想不到的成果。

(四)预定计划

每天在睡觉之前，拟订第二天的计划，包括明天应该完成的任务、可能遇到的状况以及应对策略等。计划做得越周详，完成工作就越容易、越快；若事先吝啬花时间做计划，那么在工作中，就需花更多的时间来处理未曾预想到的突发事件。计划不可安排得太过紧张，需要预留时间作弹性安排，因为即使再周详的计划都会有疏忽的地方，而且随时可能有突发事件需要拨出时间来进行处理。

(五)养成快速的节奏感、高效的执行力

今日事,今日毕。习惯拖延时间是很多人在时间管理中经常会落入的陷阱。"等会再做""明天再说"这种"明日复明日"的拖延循环会彻底粉碎你制订好的全盘工作计划,并且对自信心产生极大的动摇。

"今日事,今日毕"体现的是一种强有力的执行力,这种执行力将带你按照自己设计好的轨道走向成功的彼岸。同样的时间,同样的工作,不同的人会有不同的工作绩效。原因就在于效率不一,而效率往往取决于节奏。道理很简单:拖拖拉拉与雷厉风行,方式不同,结果自然不同。因此,养成快速的节奏感、提高工作效率,能使你从繁重的学习、工作中早点解脱出来。

(六)善用先进的手段

科技的进步,给人类带来了许多可以节省时间与精力的工具。计算机、网络、传真机等都是现代人的宠物,计算机的效率高出人类好几倍,一部传真机可以缩短信息传达的时间,因此,只要确定某件工具对你的工作有益,就应该投资。有时在脑海中突然浮现出来的一些想法,任其消逝是很可惜的,要学会随手记录,以后再翻阅时可能会获得很好的灵感。除此之外,随手记下该做的事情,不但可以备忘,也能减轻大脑工作的负荷。

(七)养成有条理的习惯

据统计,一般公司职员每年要把6周的时间浪费在寻找乱堆乱放的东西上面。这意味着,每年因不整洁和无条理的习惯,就要损失近20%的时间。因此,要节约时间,就应该养成有条理的习惯,减少用于翻找物品的时间。

当然,有条理不是要求花费大量时间把所有物件摆放得整整齐齐,而是把同类的文件或者物品归类,在需要的时候,可以很快找到。

(八)寻找自己的生理节奏

每个人都有两种黄金时间。一种是内部黄金时间,是一个人精神最集中、工作最有效率的时候。内部黄金时间因人而异,在你通过观察掌握了自己的内部黄金时间时,建议你用这个时间段处理最为重要的工作。外部黄金时间是指跟其他人交往的最佳时间。这须配合他人的日程,但你可以利用这段时间充分表达自身的优势。具体来说,就是在精力充沛的时候,去做最重要的事情;精力不济的时候,则可以去做一些较不重要的事情。能将生理节奏与工作的轻重缓急紧密结合,就会事半功倍;相反,就会事倍功半。

(九)学会说"不"

有时拒绝是保障自己行使优先次序的最有效手段,勉强接受他人的请托而扰乱自己的安排,是不合理的。如果有的请托由他人承担可能比你更合适,不妨向请托者提出适当的建议。

（十）接受不完美

不要再追求所谓的完美主义了！这种思维方式对己对人都是不必要的苛求。每个人都有自己的缺点，也都会时不时地犯些小错，这有什么关系呢？一个人如果能够集中精力把所有重要的事都做好就已经很不容易了。对那些无关紧要的细枝末节睁一只眼闭一只眼，用省下来的时间与精力关注自己生活的重心，难道不是既省心又省力吗？

（十一）适当放松

在我们周围普遍存在着一种对成功的极大误解。大多数人都认为，获得成功的唯一途径就是高效利用时间，而提高效率的方法则是把生命中的每分每秒都安排得富有意义，即便是在双休日或是其他假期也要始终过得积极主动。请你不要再误导自己了！真正的成功人士是最懂得张弛有度的。不想参加那些无聊又吵闹的派对？不想陪同事逛街？不想陪客户打高尔夫？那就不去好了！如果你喜欢躺在家里的沙发上听最喜爱的古典音乐，那就尽管拿出整晚的时间尽情享受属于自己的音乐旅程；如果你喜爱大自然，那就去找一片安静的绿草地，尽情享受一下午后阳光的温暖。真正懂得放松的人才更能全力以赴地工作，能更轻松地找到生活的平衡点，而且，放松与娱乐也是创造力与灵感的最佳源泉。

不要说你想继续学习但因家贫等问题不得不停止，曹雪芹曾身在巨富之家，后家境衰败且亲人多丧，仍花费10多年作《红楼梦》；不要说由于自身的缺陷而"有心无力"，司马迁一生大起大落，历尽坎坷，并受宫刑，却花了10多年时间出《史记》；不要说资料少没时间，李时珍生在乱世，翻山越岭，尝遍百草，经27年而创《本草纲目》……时间管理的意义不仅在于帮助你达到工作上的目标，还将使你最大程度地发挥自己的潜力，并在工作和个人生活之间保持平衡。如果你想要实现自己的人生目标，如果你想不断实现自我超越，就请有效管理时间吧！

互动体验1

观看视频《时间规划局》，让学生谈谈内心的感受或体会。

互动体验2

测试你管理时间的能力

1. 星期一上学的时候，老师通知你周五下午有一次重要的考试，你会：

A. 取消放学后的简单休息，马上投入到复习中去。

B. 主要整理以往的笔记，辅助新同步练习。

C. 从周一到周四都在考虑这件事情，周五早上开始抽空复习。

D. 在自己情绪好的时候复习。

E. 想复习，但总是因为各种原因被打断。

2. 你的记事本里写了什么内容？

A. 下周的详细日程安排。

B. 要去的地方和要做的事情。

C. 自己的涂鸦和喜欢去的地方。

D. 用醒目的大字写下一些重要的事情。

E. 为每天要做的事情列出长长的单子,标出优先要做的。

本章小结

高尔基曾说过:“世界上最快而又最慢,最长而又最短,最平凡而又最珍贵,最易被忽视而又最令人后悔的,就是时间。”时间是物质运动的顺序性和持续性,其特点是一维性,是一种特殊的物质,它具有供给毫无弹性、无法蓄积、无法取代、无法失而复得四个本质属性。时间被花费在不同的事情上,就有工作或学习时间、休闲时间、家庭时间、个人时间、思考时间等分类。

时间管理是“如何减少时间浪费,以便有效地完成既定目标”。它也是一种自我管理,具体来讲是改变习惯,令自己更富绩效、更富效能、更有效果。导致时间管理的误区一般有缺乏计划、时间控制不够、整理整顿不足、进取意识不强。迄今,时间管理理论经过了四个发展阶段:第一代时间管理理论、第二代时间管理理论、第三代时间管理理论、第四代时间管理理论。

时间管理的原则有:①明确目标;②有计划、有组织地进行工作;③分清工作的轻重缓急;④合理地分配时间;⑤与别人的时间取得协作;⑥制定规则、遵守纪律;⑦寻找平衡。按照以上时间管理的原则,有效管理时间的方法与技巧有:①设定目标;②有效规划每天的时间;③合理安排零星时间;④预定计划;⑤养成快速的节奏感、高效的执行力;⑥善用先进的手段;⑦养成有条理的习惯;⑧寻找自己的生理节奏;⑨学会说“不”;⑩接受不完美;⑪适当放松。

思考题

1. 时间的本质是什么?时间管理的内涵是什么?时间管理一般存在哪些误区?
2. 时间管理的原则有哪些?
3. 时间管理的方法与技巧有哪些?

第六章　健康管理

［学习目标］

1. 了解健康管理的内涵。
2. 了解健康的生活方式。
3. 了解大学生如何管理好自己的健康。
4. 掌握大学生如何克服生活上的不良习惯。

［导入］

一名妇女归家时，发现三位蓄着花白胡子的老者坐在自家门口。她不认识他们，便对他们说："我不知道你们是什么人，但各位也许饿了，请进来吃些东西吧。"三位老者问道："男主人在家吗？"她回答："不在，他出去了。"老者们答道："那我们不能进去。"傍晚时分，丈夫回来了，也发现了门口的老者。妻子向他讲述了所发生的事。丈夫说："快请他们到屋里坐。"妻子请三位老者进屋，但他们说："我们不一起进屋。"其中一位老者指着身旁的两位解释道："这位的名字是财富，那位叫成功，而我的名字是健康。"接着，他又说："现在你们进屋去讨论一下，看你们愿意我们当中的哪一个进去。"于是，丈夫和妻子进屋商量。丈夫说："我们让财富进来吧，这样我们就可以黄金满屋啦！"妻子却不同意："亲爱的，我们还是请成功进来更妙！"他们的女儿在一旁倾听。她建议："请健康进来不好吗？这样我们一家人身体健康，就可以幸福地享受生活、享受人生了！"丈夫对妻子说："听我们女儿的吧。去请健康进屋做客。"妻子出去问三位老者："敢问哪位是健康？请进来做客。"

健康起身向她家走去，另外两人也站起身来紧随其后。妻子吃惊地问财富和成功："我只邀请了健康，为什么两位也随同而来？"两位老者道："健康走到什么地方，我们就会陪伴他到什么地方，因为我们根本离不开他。如果你没请他进来，我们两个不论是谁进来，很快就会失去活力和生命。所以，我们在哪里都会和他在一起的！"

大家都知道，无论一个人有多么成功，有多少财富，一旦没有了健康那么就什么都没有了，健康的身体是事业成功的基础，没有健康将一事无成。健康是金子，健康是无价之宝，健康是人的第一财富。健康的钥匙掌握在我们自己手里。

第一节 健康管理的内涵

一、健康与健康管理

(一)健康的概念

健康的概念从古至今有很多种说法,较常见的说法是以下几种:

①古人对健康的理解,常以是否有病作为分界线,有病为不健康,无病为健康。

②世界卫生组织在1984年对健康的定义为:健康不仅仅是没有疾病和不虚弱状态,而是身体、心理和社会适应能力三方面的完美状态。

③1990年,世界卫生组织在1984年定义的基础上,加入了道德健康概念。

④2000年,世界卫生组织对健康又加上了生殖健康概念。

总体来说,健康就是指一个人在躯体、精神和社会行为方面都处于良好的状态。它包含了身体健康和心理健康。

健康包含下面四层含义:一是身体健康,它是基础,指人体结构完整,生理功能正常;二是心理健康,指具有同情心、责任心、自信心、爱心,情绪稳定,热爱生活,人与人之间和睦相处,善于交往,有自控能力;三是道德健康,最高标准是无私奉献,最低标准是不损人利己;四是社会适应性良好,能适应复杂的社会环境变化。

健康是当今社会最重要的热门话题,也是从古至今人们持续不断的追求。健康是福,身体是最大的本钱,人生最宝贵的财富是健康。健康是生活的根本,幸福的真谛,人生成功的基石。如果没有强健的体魄,智慧不能表现,文化无从施展,力量不能战斗,知识无法利用。

金钱的多寡、地位的高低,某种程度上皆是身外之物,健康才是实实在在的"财富"。有人曾经将健康比作1, 其他的学识、才华、金钱等均为0,没有了"1",后面的"0"都毫无意义。这就是人生的基本道理:失去健康,一切为零。

(二)健康管理的概念

如何才能让自己拥有一个健康的身体呢?

房子有物业公司管理,车子有车行护理,看病有医院治疗。有没有一个地方在人得病以前,就对自己的身体进行管护呢?市场的需要和人类知识的积累促使健康管理兴起。

健康管理的思路和实践最初出现在美国,最先广泛应用健康管理服务的是保险行业。人口老龄化、急性传染病和慢性病的双重负担及环境恶化导致医疗卫生的需要不断增长。而与健康相关的生产效率却不断下降,严重威胁着经济和社会的发展。传统的以疾病为中心的诊疗模式应付不了新的挑战。于是,以个体和群体健康为中心的管理模式在市场的呼唤下诞生了。

目前世界上还没有一个公认的、大家都能接受的健康管理的概念。当前比较完整的定义是：对个体或群体的健康进行全面监测、分析、评估，提供健康咨询和指导，以及对健康危险因素进行干预的全过程。健康管理的宗旨是调动个体和群体及整个社会的积极性，有效地利用有限的资源来达到最大的健康效果。简单来说，所谓健康管理是一种对个人及人群的健康危险因素进行全面管理的过程。它是基于个人健康档案基础上的个性化的健康事务管理服务，是建立在现代生物医学和信息化管理技术的模式上，从生物、心理、社会的角度对每个人进行全面的健康保健服务，协助人们有效维护自身的健康，以减少或消除危险因素，保证良好健康状态的过程。健康管理包括健康咨询、健康体检与监测、健康教育、健康危险因素干预和健康信息管理等。

二、健康管理的科学依据

存在于人生命中的危险性可分为以下三种：

①相对危险性：与同年龄、同性别的人群平均水平相比，个人患病危险性的高低。

②绝对危险性：个人在未来患某些慢性疾病的可能性。

③理想危险性：个人在完全健康的状态下得到的数值。“绝对危险性”和“理想危险性”之间的差距就是个人可以改善而且应该努力摒弃的不良生活行为。

引起疾病的危险因素可以分为“可改变的危险因素”与“不可改变的危险因素”。“可改变的危险因素”包括体质指数（BMI）、腰围、血压、血糖、运动水平等。“不可改变的危险因素”包括年龄、性别、家族史等。“可改变的危险因素”可以随着生活行为的改变而改变。例如增加运动量和合理膳食可以降低 BMI 和血压。通过有效地改善个人的“行为和生活方式”，个人的“可改变危险因素”的危险性就能得到控制并降低，这些危险因素的降低将减小多种慢性疾病发生的风险，如糖尿病、冠心病、中风和乳腺癌等。这构成了健康管理最基本的科学依据。

三、健康管理的服务对象与内容

健康人群、亚健康人群，急性病患者、慢性病患者，都是健康管理的服务对象，总之一句话，健康管理适用于所有人群。通过对服务对象进行有效的健康管理，可大大降低服务对象因健康问题而造成的医疗费支出。

健康管理是对服务对象存在的与健康有关的因素进行全面管理的过程。基本内容有三点：①收集服务对象的健康信息，随时发现健康问题，为评价和干预管理提供依据；②评价危害服务对象健康的有关因素，对服务对象目前的健康状况及发展趋势作出预测，起到对健康的警示作用。③实施健康规划，对不同的危险因素实施个性化的指导，改善健康状况。通过健康管理的全过程，改善健康状况，提高其生活质量，节省医疗费用，有效降低医疗支出。

四、健康管理的意义

世界卫生组织的研究报告认为：人类1/3的疾病通过预防保健是可以避免的，1/3的疾病通过早期的发现是可以得到有效控制的，1/3的疾病通过信息的有效沟通能够提高治疗效果。疾病的发生、发展一般都要经历长期的不良生活方式累积过程，健康管理的基本模式就是通过对引起疾病的各种危险因素的归纳、分析和控制，以达到对疾病的预防或控制发展，它不同于传统医院和临床医生仅在疾病的治疗阶段才介入。美国健康管理20多年的研究显示，健康管理对于任何企业和个人都有一个90%和10%的关系，即90%的个人和企业通过健康管理后，医疗费用降到了原来的10%；10%的个人和企业没有进行健康管理，医疗费用比原来提升了90%。所以，健康管理对于社会、企业和个人都是必要的，它节约了医疗费用的支出，也提高了个人的生存质量。

（一）帮助大众确立健康的观念

在健康管理中，通过健康教育，帮助人们树立正确的健康观，使其认识到“健康不仅是没有疾病或不虚弱，而是身体的、精神的健康和社会适应的完美状态”，并掌握健康知识，从而建立健康的生活方式。健康教育应贯穿于健康管理的全过程，以不断强化人们的健康观念，增加人们的健康知识。

（二）预防控制健康危险因素

通过健康管理，服务对象能得到可量化的危险性评估和综合可信的健康评价报告，改变以往健康体检缺少后续服务的状况，从而对服务对象实施全程的健康促进。及时发现服务对象的亚健康状态和处于“沉默”中的疾病，对其采取积极的干预措施。通过健康服务医生指导的生活处方来获得降低疾病危险因素的干预策略。

（三）减少或防止疾病的发生

通过健康管理，对无病者或疾病早期患者进行有效的预治，从而减少疾病发生的风险甚至防止疾病的发生，这样能大大降低许多疾病的发病率、致残率和死亡率，提高其生活质量并延长健康寿命。

（四）健康投资远小于疾病的付出

研究表明，健康管理方面投入1元，相当于减少3～6元的医疗费用。加上由此产生的劳动生产率提高的回报，实际效益是投入的8倍。因此，加强健康管理，走投入少、效益高之路实在是解决居民看病难、看病贵的必由之路。

五、健康管理的方法与步骤

（一）健康管理体检

健康管理体检以人群的健康需求为基础，按照“早发现、早干预、早治疗”的原则来选定体格检查的项目，并为每个受检者建立健康档案。检查的项目应有干预或治疗的理论和手段。应根据个人的年龄、性别、工作特点等进行设置。其目的是为健康风险评估收集资料。

（二）健康诊断与监测

健康诊断与监测是健康管理的基础性工作。健康诊断的内容包括年龄、性别、种族、职业、遗传因素、心理因素、社会因素、行为及生活方式、个人就医需求、医疗资源的可及性和体检信息等。健康诊断就是了解健康管理服务对象的目前健康状况和危害健康的因素，为今后的健康管理提供基本信息。而健康监测是对主要健康危险因素进行定期、不间断的连续测量、观察和记录，以掌握其变化动态。健康诊断和监测为健康管理提供了必要的事实依据，因此，健康管理必须切实做好健康诊断与监测。

（三）健康评估与预测

通过分析健康诊断结果回答健康管理服务对象健康与否、健康程度、健康风险等问题，是在健康诊断与监测的基础上，由健康管理师进行综合分析做出的结论，并据此制订个性化的健康管理处方，为做好健康管理提供依据，以预防和干预疾病的发生、发展，促进管理对象的健康。

（四）健康危险因素的干预

健康管理的目的在于消除危害健康的危险因素，促进被管理者的健康。其中，有效干预危害健康的危险因素是健康管理的重点。因此，健康危险因素的干预是健康管理的关键。一是指导被管理者建立健康的生活方式，消除健康危险因素；二是对亚健康状态和疾病积极进行干预或治疗。

（五）健康管理的步骤

健康管理服务的基本步骤是了解服务对象的健康状况，即收集服务对象的健康信息，然后进行健康及疾病风险性评估，即根据所收集的服务对象的健康信息，对服务对象的健康状况及未来患病或死亡的危险性用数学模型进行量化评估；其次，制订个性化的健康干预措施并对其效果进行评估，即健康干预。健康管理是一个长期的、连续不断的、周而复始的过程，即在实施健康干预措施一定时间后，需要评价效果、调整干预计划和干预措施。只有周而复始，长期坚持，才能达到健康管理的预期效果，如图6.1所示。

六、健康管理的策略与作用

健康管理的基本策略包括生活方式管理、需求管理、疾病管理、灾难性病伤管理、残疾管理和综合性的群体健康管理。据世界卫生组织报告，在慢性病形成的原因中，遗传因素只占15%，社会因素占10%，气候因素占7%，医疗条件占8%，而个人的生活方式占60%，这说明不良生活方式是影响人类健康的主要原因。

健康的生活方式包括合理饮食、戒烟限酒、适量运动、心理平衡。通过对生活方式的管理，改变不良生活方式，可使如心脑血管疾病、糖尿病等慢性疾病的发病率明显降低。

美国健康管理经过二三十年的蓬勃发展，已成为美国医疗服务体系中重要的组成部分。

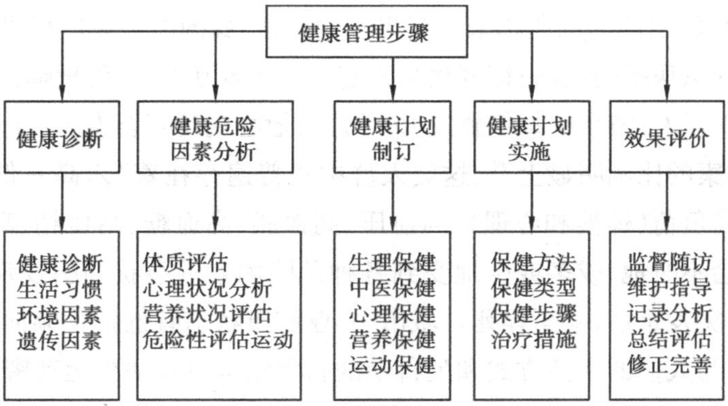

图 6.1 健康管理步骤

美国的健康管理研究成果表明,健康管理能够有效地改善人们的健康状况并明显降低医疗保险的开支,依靠这种强有力的措施可保持或改变人群的健康状态,使人群维持低水平的健康消费。通过健康管理可以改变服务对象的不良生活方式,减少疾病的发生;早期诊断和发现疾病;延缓疾病并发症的发生、发展,降低病死率、致残率;降低医疗费用;提高生活质量,延长寿命;提高身体素质。

21 世纪的现代医学正在步入"3P"时代,即预防(Preventive)医学、预测(Predictable)医学和个性化(Personal)医疗。人们对于疾病的态度从"重治"转为"重防"。也就是说,通过早预防避免疾病的发生。健康不再是一个有没有病的医疗概念,而是一个社会概念、文化概念,是人的生理、心理的综合性反映,是人们生活质量的最基本的要素和社会进步的重要标志及目标,是发展社会生产力、提高劳动生产率的基本条件和保证。

对国家来说,国民健康是国家生存与发展的基本要素和最宝贵的资源;对家庭而言,健康是家庭生活的"1",即一切,金钱、名誉、地位、财产等都是"1"后面的"0",1 存在,0 才有意义,否则,什么都不存在。健康管理是实现我国卫生科技所确定的"战略前移""重心下移"的方针,就是从疾病发展的上游入手,抓预防,不让疾病舒舒服服发展,在不知不觉中加重。

第二节 健康的生活方式

随着社会经济的高速发展,人们在享受丰富多彩的物质和文化生活,以及日趋发达的医疗服务的同时,对健康的意识和需求也在不断提升。因此,21 世纪的医学所追求的不仅仅是提高治疗水平,更是让人类生活得更健康。"预防疾病产生,促进身体健康,提高生命质量"是 21 世纪的健康主题。

一、人类面临的健康问题

除去贫穷和战争因素所造成的全球局部地区恶劣的健康状况外,人类的健康状况由慢性非传染疾病(慢病)引起的问题越来越突出。据报道:我国的高血压病患者已逾1亿人,而大城市高血压病的患病率则更高;糖尿病病人有3 000多万人,糖耐量降低者4 000多万人;肿瘤每年新发160万人;脑卒中每年新发150万人;冠心病每年新发75万人。另外,在40岁以上人群中,亚健康的比例明显上升,这类人群中较普遍存在着"六高一低"倾向,即存在着接近疾病水平的高负荷(体能和心理)、高血压、高血脂、高血糖、高血粘、高体重以及免疫功能低下。这些人会不时地、或多或少地受到各种危险因素的袭扰而引发疾病。有时在某种因素的促发下,可突发重症,甚至猝死。城市中,亚健康状态有低龄化倾向。究其原因,除了遗传因素外,无不与人们的生活方式和欠科学的膳食结构以及缺少运动密切相关。

由慢病引发的健康问题给国家和个人带来了沉重的负担。目前我国国民经济GDP年增长率为6%~8%,居民个人年收入增长为5%~7%;而据1994年的统计,慢病治疗费用年增长速度为17.72%,这对国家的宏观经济形成重大压力,也构成阻碍企业发展的巨大包袱,更成为个人生活水平下降的主要因素。面对如此沉重的健康状况,人们必须更加理智地从内心深处唤起对公共卫生问题的思考,并开展行动。

1992年世界卫生组织在《维多利亚宣言》中倡导了实现人类健康的四大基石:即"合理膳食、适量运动、戒烟限酒、心理平衡"。宣言阐明了生活方式与健康的密切关系,为人类的健康促进工作明确了方向,奠定了坚实的理念基础,即以保持饮食、运动平衡的理念和行为来增进健康。

二、生活方式对健康的影响

(一)生活方式与疾病

医学研究发现,在慢病形成的原因中,遗传因素占15%,社会因素占10%,气候因素占7%,医疗条件占8%,而个人的生活方式占60%。这说明,慢病是由个人生活方式决定的。与生活方式有明确因果关系的疾病称之为"生活方式疾病",一般以慢病为主。研究认为下列6种行为与慢病的发生密切相关。

①A型行为,指容易发生心脑血管病的行为习惯。其特征为,易生气、好激动,对人对事追求完美,心理偏执。A型行为的人血、尿中儿茶酚胺含量较一般人高,它可引起高血压、心脑血管硬化、冠心病,心梗发生率为一般人的3~4倍。

②C型行为,指易患癌瘤的行为类型。克制压抑的性格特征,好生闷气,时有孤独感或失助感。C型行为易导致免疫力低下。

③致胖行为,主要表现为饮食结构不合理(热量高)且摄入量过多(摄入大于消耗),运动极少。肥胖人易产生高血压、高血脂、心脑血管病、气道阻塞综合征等。

④高盐行为,WHO建议每人每日摄盐量应在5克以下,超过此标准就为高盐行为。高盐易使人患高血压,引发脑卒中。

⑤吸烟行为,目前全国超过60%的成人吸烟,而且有低龄化倾向。

⑥酗酒行为，酒精可危害脑、肝等人体代谢最旺盛的器官。长期慢性酒精中毒会导致心理、行为的严重异常，还可产生脂肪肝、肝硬化、肝癌。

（二）不健康的生活方式

在生活中，不健康的生活方式会使人生病，那么在这些不健康的生活方式中非常严重的、对人的身体会有严重影响的生活方式总结出来有10种，也就是人们常说的最短命的10种生活方式。

“最短命的10种生活方式，你中了几条?”带着这个问题，有研究者对932个市民进行了调查。这些市民的职业涉及工程师、会计、公务员、民航地勤、医生、护士、教师、学生、业务员等各行各业，年龄从20岁到56岁。调查结果显示：932个人无一人幸免，每个人在这10种不健康的生活方式中都能找到自己的影子。

①极度缺乏体育锻炼。在932名被调查者中，只有96人每周都在固定时间锻炼，68%的人选择了“几乎不锻炼”。这极易造成疲劳、昏眩等现象，引发肥胖和心脑血管疾病。

②有病不求医。调查显示，将近一半的人在有病时自己买药解决，有1/3的人则根本不理会任何表面的“小毛病”。许多上班一族的疾病被拖延，错过了最佳的治疗时间，一些疾病被药物表面缓解作用掩盖而积累成大病。

③缺乏主动体检。932人中，有219人从来不体检。

④不吃早餐。被调查者中，只有219人是有规律、按照营养要求吃早餐的。不吃早餐或者胡乱塞几口成为普遍现象。

⑤与家人缺少交流。有超过41%的办公室人群很少和家人交流，即使家人主动关心，32%的人也常抱以应付的态度。在缺乏交流、疏导和宣泄的情况下，办公室人群的精神压力与日俱增。

⑥长时间处在空调环境中。在上班时，超过7成的人一年四季除了外出办事外，几乎常年窝在空调房中。“温室人”的自身肌体调节和抗病能力下降。

⑦常坐不动。被调查者中，有542人的工作习惯是一旦坐下来，除非上厕所，就轻易不站起来。久坐，不利于血液循环，会引发很多新陈代谢和心血管疾病；坐姿长久固定，也是颈椎、腰椎发病的重要因素。

⑧不能保证睡眠时间。有超过6成的人经常不能保证8小时睡眠时间，另有7%的人经常失眠。

⑨面对电脑过久。31%的人每天使用电脑超过8小时。过度使用和依赖电脑，除了辐射外，眼病、腰颈椎病、精神性疾病在办公室群体中十分普遍。

⑩三餐饮食无规律。有超过1/3的人不能保证按时进食三餐，确保三餐定时定量的人不到半数。

三、亚健康

高强度的工作负荷损伤了我们的身体，而沉重的生活压力又让我们忽视了自身的健康，很多人还以为只要没病就好，没病就是健康。岂不知，很多人可能早已步入了亚健康的状态，离生病只是一步之遥。

亚健康是最近几年国内外医学界提出的一个新概念。目前，国外大量的调查研究表明，全球的居民中，处于健康状态的人仅占全球人口总数的15%，而处于疾病状态的人占全球人口总数的10%，其他居民均处于健康与疾病之间的第三种状态，即亚健康状态。研究还表明，处于第三状态的人，既有坠入疾病深渊危险的可能，又有成为健康人的希望。亚健康可发生于任何人群，但是在大学生这个特殊的群体中表现得尤为突出，存在亚健康状况的大学生，如果不给予重视，将会严重影响并危害自身的健康成长。

（一）亚健康的表现

亚健康状态集中表现为心理、生理和社会适应三方面。生理方面包括浑身乏力、容易疲倦、面容憔悴、脱发、颈肩僵硬、视力下降、腰酸背痛、心悸气短、胃闷不适、皮肤干燥、手足发凉、睡眠不良、多汗等；心理方面包括记忆力减退、早晨起床后不舒服、精力不集中、情绪不稳（包括情绪低落、紧张烦躁、忧虑）、精神萎靡、多梦易惊等；社会适应方面包括个体间心理距离加大、人际关系不稳定、交往表面化、交往频率下降、物质化等。

（二）亚健康的界定

目前，国际上对亚健康并没有一个统一的定义，之所以还难以定义，是因为亚健康本身拥有很广泛的内涵，亚健康是人们的身心情感等方面，处于健康与疾病之间的一种健康低质量的状态以及体验。亚健康状态并非是一个固定的点，而是一个处于疾病和健康之间的广泛区域。它能不断发展变化，既可以向健康状态转化，同时也很容易向疾病状态发展。关于亚健康的定义和范畴，不少学者进行了探讨。例如，有学者认为，目前所指的亚健康状态已经包括在中医的病的范围内，亚健康是在疾病定义排除的基础上，持续地出现3个月或以上的不适状态或者适应能力显著减退而无明确的疾病诊断，或者有明确诊断，但是所患疾病和目前的不适状态却没有直接因果关系的情况。还有的专家认为，亚健康状态是指人的身心在处于疾病与健康之间的一种低质量状态，是肌体虽然没有明确的疾病，但是在身体上、心理上都出现种种不适应的症状和感觉，从而呈现活力及对外界适应能力降低的一种生理状态。这些概念的阐述不乏真知灼见，对亚健康学科体系的建构有积极的作用，但仍然存在某些不完善的地方，容易导致概念的混乱。本书综合了各学者的观点认为，亚健康状态是人体处于健康与疾病之间的过渡阶段，它在主观上表现出许多不适症状和心理体验，而临床检查却没有任何阳性指标出现，又称肌体的第三状态。

（三）大学生亚健康的测试案例

采用人体能量检测仪对绍兴文理学院170名普通大学生进行测试发现，处于健康状况的有120人，占总人数的70.6%，处于亚健康状况的有50人，亚健康现患率为29.4%。其中：女生亚健康人数为34人，其亚健康现患率为35.8%；男生亚健康人数为16人，其亚健康现患率为21.3%，调查结果如表6.1所示。表6.1说明绍兴文理学院学生的亚健康状况普遍存在，女生亚健康状况要比男生严重。

表6.1 绍兴文理学院普通大学生健康状况调查结果

项 目	健 康	亚健康	合 计
男生/人	59	16	75
女生/人	61	34	95
合计/人	120	50	170
占比/%	70.6	29.4	100

对测试数据进行整理分析后发现，处于亚健康状况的50名同学在实验检测的20多个器官中出现问题，主要集中在膀胱、肺、肝、胃、大肠等器官，测试结果如表6.2所示。

表6.2 各器官的数据分析

器 官	项 目	男生/人	女生/人	合计/人	占比/%
膀胱	能量不足	11	26	37	74
	能量均衡	5	8	13	26
	能量阻滞	0	0	0	0
肝	能量不足	13	22	35	70
	能量均衡	3	12	15	30
	能量阻滞	0	0	0	0
胃	能量不足	11	18	29	58
	能量均衡	5	16	21	42
	能量阻滞	0	0	0	0
肺	能量不足	10	16	26	52
	能量均衡	4	9	13	26
	能量阻滞	2	9	11	22
大肠	能量不足	10	20	30	60
	能量均衡	6	14	20	40
	能量阻滞	0	0	0	0

从表6.2中可以看出受测学生亚健康状况的主要表现：

①膀胱能量阻滞的现象比较少见，主要存在的问题是能量不足，其中男生 11 人，女生 26 人，占亚健康总人数的 74%。膀胱能量不均衡的人容易出现背部疼痛、小便异常的现象，情况严重者还可能出现记忆力减退的状况。

②肝能量阻滞的现象比较少见，主要存在的问题是肝能量不足，其中男生 13 人，女生 22 人，占亚健康人数的 70%。肝能量偏低表示有轻度的肝气郁结，容易胸闷紧张、烦躁发怒，还会出现轻度的食欲不振、口苦等现象。

③胃能量阻滞的现象比较少见，主要存在的问题是能量不足，其中男生 11 人，女生 18 人，占亚健康总人数的 58%。胃能量不均衡的表现是胃功能紊乱，有腹胀、轻度腹泻，或者便秘、食欲稍差、泛酸等现象。

④肺能量阻滞与能量不足的现象普遍存在。能量不足的人中男生 10 人，女生 16 人，占亚健康总人数的 52%；能量阻滞的人中男生 2 人，女生 9 人，占亚健康总人数的 22%；能量不足者要多于能量阻滞者。肺能量不均衡则讲话有气无力，容易感冒，易产生肺气不足、短气咳嗽等现象。

⑤大肠能量阻滞的现象比较少见，主要存在的问题是能量不足，其中男生 10 人，女生 20 人，占亚健康总人数的 60%。大肠能量偏低不会有明显的症状表现，但是敏感人群易引发慢性鼻炎等病症，肚脐周围会有闷痛、隐痛感。

四、大学生健康状况影响因素分析

（一）心理压力过大

在科学技术飞速发展、生活节奏加快、社会竞争激烈等特定生活环境和社会环境下，大学生的心理负荷增大，迫使大学生需要不断地进行知识更新，从而精神压力也日趋增大。另外，人格的不完善导致大学生在特定阶段心理素质脆弱与个性缺陷，是造成大学生心理亚健康的又一个诱因。大学阶段，大学生具有心理不成熟和人格不完善的特点，在伴随着自我独立过程中往往出现孤独感、不安感和急躁情绪，经常情绪不稳定，易感情用事，自制力差，对失败和挫折缺乏心理准备，承受能力差，并且缺乏自我心理保健知识。当大学生在学习、生活、人际关系等方面遇到挫折和困扰时，往往会陷入抑郁、痛苦、悲伤、焦虑等不良心理状态。尤其是面对越来越严峻的就业形势，使得在校大学生承受着巨大的心理压力。很多学生还没度过新生适应期就开始担忧未来的就业问题，出现一些心理应激状态，现实与理想的差距使得很多学生不知如何进入学习状态，不知如何面对专业与兴趣的选择，而陷入悲观、失落、迷茫状态，导致心理亚健康状态。

（二）不良生活习惯

由表 6.2 可以看出，存在亚健康状况的学生中，胃、大肠存在问题的人很多，无规律和不科学的饮食习惯都会造成胃和大肠的能量不均衡。肝和肺存在问题的学生也比较多，抽烟、喝酒等都会造成肝和肺的能量不平衡。由此可见，不良的生活习惯是造成大学生亚健康状况的一个重要原因。大学生,以年轻力壮作为资本,严重透支体力和精力的无规律的起居和饮食将会付出沉重的代价,造成亚健康状态,甚至引发多种疾病。不良的生活习惯主要有：

①饮食不科学。大学生由于远离家庭生活,大多缺乏科学的饮食习惯,有的为了减肥而盲目节食,有的经常以零食当饭,有的学生挑食严重,导致各种营养素摄入量偏低,摄入的总能量严重不足,早、中、晚三餐的热能比也不恰当,维生素和其他矿物质摄入量都在膳食参考摄入量的标准以下。

②生活无规律。吃饭有一顿没一顿,尤其是不吃早餐的现象在大学生中很普遍。无规律的饮食,无规律的生活,无规律的睡眠,让这些原本应该充满活力与朝气的年轻人陷入了亚健康的怪圈,许多心理及生理疾病开始滋生蔓延。

③休息不足。社会竞争的日益激烈,使得大学生平时的学习工作压力很大,学习用脑过度,身心处于超负荷状态。另外,大学生经常熬夜,比如看碟、玩游戏、看电视剧,经常是凌晨一点左右才睡,有的到凌晨三四点还未睡,甚至熬通宵,第二天上课精神不振,学习效果可想而知。休息不好,人就会感到疲惫不堪,就会使人处于亚健康状态。如果长期下去,往往会引起人体的免疫力低下,同时还容易引发神经衰弱、高血压以及心理疾患,严重的甚至造成猝死。

(三)缺乏体育锻炼

现在的大学生在课余生活中普遍流行着一种宅文化。一些同学喜欢封闭在自己的世界里,不愿意出门参加户外活动。很多大学生把上网冲浪当成运动,而不喜欢去体育场所运动。大部分的学生对体育锻炼不重视,没有形成自主锻炼的习惯。此外,近年来考研和就业所带来的压力,让大学生将大量的精力和时间都投入到各种等级考试之中,体育锻炼被抛到了一边。很多大学生每周参加体育锻炼的次数很少,许多甚至每周不足两次,而且每次体育运动的时间基本不足 1 小时。至于体育锻炼的方式,跑步和球类是很多大学生的选择,这可能是受学校体育设施的限制所致。缺乏运动直接导致的后果是体重超标、营养过剩、肌体抵抗力下降。

(四)女生亚健康状况严重的原因

调查结果表明,处于亚健康状态的女生比例高于男生,说明女生的身体健康状况比男生差,其原因可能来自以下几个方面：首先,女生的适应能力在很多方面不如男生,比如人际关系不融洽、对现状不满时,容易出现心理问题;其次,有相当一部分女生对自我形象不满意,为了追求完美体型而进行减肥,并且以节食为主要途径,从而造成营养不良；最后,女生的生理问题也可能是导致其处于亚健康状态的另一个原因,比如在女生的月经期就会特别容易导致身心的失调,使身体处于亚健康状态。

(五)亚健康的自我测试

亚健康的测试可以对照亚健康的一些症状和表现来判断,看自己有哪些是符合的,就可以很简单地知道自己是否是亚健康。

①经常吃油炸食品、高热量食物、腌制食品。

②经常抽烟、喝酒、熬夜、作息时间不规律。

③经常便秘,大便臭味重、冲不净,脸上长斑、长痘、皮肤灰暗。

④脑供血不足,表现为头痛、头晕、失眠多梦、记忆力下降、反应迟钝、注意力不集中,肢体麻、胀、痛,步态不稳等。

⑤心慌、胸闷、胸口痛,有时是左上肢及背部痛,进一步会出现上楼或劳动时出气困难,严重时可能会有绞痛感等。

⑥精神压力大、烦躁、焦虑、易激怒、情绪低落、悲观、厌世,不愿与外界接触。

⑦免疫力差,浑身乏力、易疲倦,经常性感冒、口腔溃疡等。

⑧性能力下降。中年人过早地出现腰酸腿痛,性欲减退,或男子阳痿、女子过早闭经,都是身体整体衰退的第一信号。

⑨"将军肚"早现。25～50岁的人,大腹便便,是成熟的标志,也是高血脂、脂肪肝、高血压、冠心病的"伴侣"。

⑩脱发、斑秃、早秃,每次洗发都有较多头发脱落。

具有上述两项或两项以下者,则为"黄灯"警告期,目前尚无须担心;具有上述3～5项者,则为一次"红灯"预报期,说明已经具备"过劳死"的征兆;6项以上者,为二次"红灯"危险期,可定为"疲劳综合征"——"过劳死"的"预备军"。

(六)结论与建议

通过对大学生亚健康状况的调查发现,大学生存在亚健康状况比较普遍。女生的亚健康状况要比男生严重。

不良生活习惯是造成大学生亚健康状况产生的最主要原因。缺乏运动、抽烟、饮酒、不吃早餐、熬夜等不良的生活习惯都给在校大学生的身体健康带来了严重的危害。

学校应对大学生开展心理健康教育和心理咨询,帮助他们认识自己、接纳自己。如果学生一旦发现自己有心理障碍,应及时进行心理咨询,维护良好的心理健康状态。大学生应合理饮食,注意合理的营养搭配,戒酒、戒烟,每天的休息应包括6～8小时的夜间睡眠及日间的精神放松;同时加强体育锻炼,预防和消除亚健康。

五、健康管理实施

健康是人类生存发展的要素,它属于个人和社会。以往人们普遍认为"健康就是没有病的,有病就不是健康"。随着科学的发展和时代的变迁,现代健康观告诉我们,健康已不再仅仅是指四肢健全、无病或不虚弱,除身体本身健康外,还需要精神上有一个完好的状态。人的精神、心理状态和行为对自己和他人甚至对社会都有影响,更深层次的健康观还应包括人的心理、行为的正常和社会道德规范,以及环境因素的完美。可以说,健康的含义是多元的、相当广泛的。

(一)健康的世界标准

①精力充沛,能从容不迫地应付日常生活和工作的压力而不感到过分紧张和疲劳。

②处世乐观,态度积极,乐于承担责任,事无巨细不挑剔,工作有效率。

③善于休息,睡眠良好。

④应变能力强,能适应环境的各种变化。

⑤具有抗病能力,能够抵抗一般性感冒和传染病。

⑥体重得当,身材匀称,站立时头、肩、臂位置协调。

⑦眼睛明亮,反应敏锐,眼睑不发炎。

⑧牙齿清洁,无空洞,无龋齿,无痛感;齿龈颜色正常,不出血。

⑨头发有光泽,无头屑。

⑩肌肉、皮肤富有弹性,走路轻松有力。

然而,健康标准对不同年龄、不同性别的人则有不同的要求。联合国世界卫生组织于2013年1月1日对年龄划分标准作出了新的规定。该规定将人的一生分为五个年龄段,即:0至17岁为未成年人,18岁至65岁为青年人,66岁至79岁为中年人,80岁至99岁为老年人,100岁以上为长寿老人。

要想身体健康,符合健康标准的要求,就要先管理好自己的身体,要格外注意自己的饮食,不吃垃圾食品,要吃健康食品,注意养生。

(二)世界十大垃圾食物

世界十大垃圾食物是致我们肥胖的罪魁祸首,也是造成健康问题的重大因素。为了健康与身材,请大家远离垃圾食品,它们分别是:

1. 油炸类食品

①导致心血管疾病的元凶(油炸淀粉)。

②含致癌物质。

③破坏维生素,使蛋白质变性。

2. 腌制类食品

①导致高血压,肾负担过重,导致鼻咽癌。

②影响黏膜系统(对肠胃有害)。

③易得溃疡和发炎。

3. 加工类肉食品(肉干、肉松、香肠等)

①含三大致癌物质之一:亚硝胺(防腐和显色作用)。

②含大量防腐剂(加重肝脏负担)。

4. 饼干类食品(不含低温烘烤和全麦饼干)

①食用香精和色素过多(对肝脏功能造成负担)。

②严重破坏维生素。

③热量过多、营养成分低。

5. 汽水可乐类食品

①含磷酸、碳酸,会带走体内大量的钙。

②含糖量过高,喝后有饱胀感,影响正餐。

6. 方便类食品(主要指方便面和膨化食品)

①盐分过高,含防腐剂、香精(损肝)。

②只有热量,没有营养。

7. 罐头类食品(包括鱼肉类和水果类)

①破坏维生素,使蛋白质变性。

②热量过多,营养成分低。

8. 话梅蜜饯类食品(果脯)

①含三大致癌物质之一:亚硝胺(防腐和显色作用)。

②盐分过高,含防腐剂、香精(损肝)。

9. 冷冻甜品类食品(冰激凌、冰棒和各种雪糕)

①含奶油,极易引起肥胖。

②含糖量过高,影响正餐。

10. 烧烤类食品

①含大量"三苯四丙吡"(三大致癌物质之首)。

②1 只烤鸡腿的毒性等于 60 支烟。

③导致蛋白质炭化变性(加重肾脏、肝脏负担)。

(三)世界卫生组织公布的十大健康食品

1. 番茄

番茄中含有具抗氧化功能的番茄红素和丰富的维生素 C,能大幅度减少罹患前列腺癌的概率,还能防治与消化系统有关的癌症。在烹煮的过程中,番茄红素会自然释放。番茄还可以生吃,是维生素 C 的最佳来源。

2. 菠菜

菠菜含有丰富的铁质、叶酸和 B 族维生素,能有效地防止罹患血管方面的疾病及心脏病,并且能预防盲眼症,保护视力。另外,菠菜的热量相当低,爱美的女士可以安心食用。

3. 果仁

果仁含有丰富的维生素 E,不仅可以降低胆固醇,还能降低血液中的三酰甘油,是预防心脏病和癌症的最佳食品。不论是花生、杏仁果,还是其他果仁,都是很好的选择。唯一要注意的是,食用量务必要适当,千万不要过度食用。

4. 西兰花

西兰花富含胡萝卜素及维生素 C,长期食用可以减少罹患乳腺癌、直肠癌及胃癌的概率。最佳的食用方法是，简易烹调后使劲咀嚼。白菜、豆芽也有类似作用，也是餐桌上不错的选择。

5. 燕麦

每天食用燕麦可以有效地降低胆固醇与血压，还能防治大肠癌，预防心脏疾病。燕麦所含的丰富纤维会使人有饱腹的感觉，如此一来就可以减少摄取其他油腻的食品，从而达到控制体重的目的。

6. 三文鱼

经常食用三文鱼可以降低胆固醇，防止血管阻塞。

7. 大蒜

大蒜可以降低胆固醇，防治心脏病，并具有杀菌作用。虽然吃了大蒜后的"口气"令人退避三舍，但大蒜却具有防治心脏疾病的功效，不仅可以降低胆固醇，还有清血的效用，其杀菌功能也备受科学家的推崇。

8. 蓝莓

蓝莓中的抗氧化剂含量极高，除了可以预防心脏病和癌症外，还能增强大脑的活力，好处多多。

9. 绿茶

经常饮用绿茶可以预防癌症，减少患心脏病的概率。在中国进行的研究发现，每天饮用绿茶的民众罹患胃癌、食管癌、肝癌及皮肤癌的概率较低；日本科学家的研究也发现，每天喝十杯绿茶，可以减少罹患心脏病的风险。另外，经常用绿茶来漱口可有效地预防蛀牙。

10. 红葡萄酒

由于酿酒用的葡萄皮中含有丰富的抗氧化剂，因此红酒能增加人体内有益胆固醇(HDL-C)的含量，预防血管硬化。喝少量红酒，对心脏有益。但要注意的是，饮用红酒也不可过量，否则反而会增加患乳癌、引发脑卒中的风险。

(四)培养健康的生活习惯

1. 健康饮食

身体要健康，除了要吃健康的食物外，还要一天三餐按时吃，要吃好。俗语讲："早吃好、午吃饱、晚吃少。"早餐是一日中最重要的一餐。身体在经过睡眠的休息后已作好充分准备迎接一天的工作、学习，这时实在需要摄取丰富的营养来应付一上午的耗损。很多人有不吃早餐的不良习惯，这不仅会伤害肠胃，使人感到疲倦、胃部不适和头痛，无法精力充沛地工作，还特别容易产生胆结石，同时又极易"催人老化"。

具体来讲，早上应以热食为主，最好是先用热稀饭、热豆浆，然后再吃面包、馒头、包子等，不建议早上喝牛奶，改在晚上10点至11点就寝前饮用比较好。而午餐只要吃饱就好，因为中午正是人们处理事情的时间，这需要大量的能量来支配我们的身体，所以中午一定要有足量的食物摄入。晚上应该适当少吃。晚餐吃过饱会加重消化系统的负担，还会干扰大脑皮层的抑制，妨碍入睡，同时也会积累脂肪，使人在不知不觉中变胖。

2. 健康饮水

水是生命之源，喝水非常重要。人体每天需补水，缺水使水清除体内污染的作用受到严重干扰，而水太多会使尿量增加从而引起钠、钾等电解质流失，如果心肾功能不全还可发生水中毒、水肿、惊厥甚至循环衰竭。

喝水的主要目的是解渴、补水，因此以白开水、矿泉水为宜，尽量少饮用饮料。各种饮料中均含有防腐剂，用山梨酸钾做防腐剂的饮料对人体无害但价钱较贵，用苯甲酸钠做防腐剂的饮料对人体有害，不宜日常饮用。

清晨是一天之中补充水分的最佳时机，因为清晨饮水可以使肠胃马上苏醒过来，刺激其蠕动，防止便秘。更重要的是，经过长时间的睡眠后，血液浓度增高，这个时候补充水分，能迅速降低血液浓度，促进循环，让人神清气爽，恢复清醒。

医生建议用餐半小时后喝水较为适当，可以加强身体的消化功能，助你维持身材。

人体在睡眠的时候会自然发汗，在不知不觉中流失水分及盐分，而睡眠的8小时内，身体都无法补充水分，这就是为什么早晨起床会觉得口干舌燥的原因了。因此，医生建议在睡前半小时要预先补充水分，让身体在睡眠中仍能维持平衡的状态，同时也能降低尿液浓度和结石的发生概率。

当人感冒发烧的时候，人体出于自我保护机能的反应而自身降温，这时就会有出汗、呼吸急促、皮肤蒸发的水分增多等代谢加快的表现，这时就需要补充大量的水分。多喝水不仅能促使出汗和排尿，而且有利于体温的调节，促使体内细菌、病毒迅速排泄掉。

3. 健康睡眠

一天24小时，人身体各个器官的工作状态如下：

①18:00—20:00。19:00左右是一天中情绪最不稳定的时刻，此时人的心理稳定性降到最低点，很容易激动，常会因一些小事而争吵。吃完了晚餐到20:00，身体反应又得以恢复。

②20:00—21:00。20:00是人体的体重最重、大脑反应最敏捷的时间，司机此时处于最佳状态，几乎不会出事故。21:00人的记忆力特别好，是学习的好时间。

③21:00—23:00。此时段是免疫系统（淋巴）排毒时间，血液中充满白细胞，白细胞的数量增加一倍，体温开始下降。此段时间应保持安静或听音乐。

④23:00—1:00。此时段是肝排毒时间，除肝脏外，大部分人体器官运作缓慢。肝脏利用这段空闲时间紧张工作，为人体排除毒素，但这一排毒过程必须在熟睡中进行。

⑤1:00—3:00。此时段是胆排毒时间。凌晨1点，人进入了易醒的浅睡阶段。到了凌晨2点，胆的排毒有条不紊地进行。凌晨3点左右整个人都会得到休息。

⑥3:00—5:00。此时段是肺排毒时间。咳嗽的人在这段时间咳得最剧烈，因为排毒运作已走到肺，有咳嗽症的人此时不宜用止咳药，以免抑制废弃物的排出。

⑦5:00—7:00。此时段是大肠排毒时间。血压上升，心跳加快，此时肌体已经苏醒，大

肠排毒活跃，最好上厕所排便。

⑧7:00—9:00。这是小肠大量吸收营养的时段，应吃早餐。疗病者最好早吃，在6点半前吃；养生者在7点半前吃；不吃早餐者应改变习惯，即使延迟到9:00—10:00吃都比不吃好。

睡眠不足不只是眼袋下垂和有黑眼圈那样简单，还会对健康造成严重的损害：

①睡眠不足会影响皮肤的新陈代谢，加速皮肤的老化，使皮肤颜色显得晦暗而苍白。尤其眼圈发黑，且易生皱纹。

②睡眠不足会使人疲倦、忧郁、注意力不集中、工作效率低。

③睡眠不足会使人纤维肌痛、睡眠呼吸暂停、夜间肌阵挛。

④睡眠不足会使人容易肥胖：夜里睡不着，肚子容易觉得饿，饿了不能不吃东西，体重不知不觉会增加。

⑤睡眠不足会使人荷尔蒙分泌增加，会提高胰岛素抗性，这是糖尿病的前期症状，使减重更为困难，患心脏病的风险提高。睡眠不足还会引起血液中胆固醇含量增高，使得发生心脏病的机会增加。

"吃得好，睡得好"是身体健康的两个非常重要的因素。我们一天24小时中，平均有8个小时在睡眠，占了一天近1/3的时间。因而，人的一生中有1/3的时间是在睡眠中度过的。充足的睡眠是人们解除疲劳，恢复体力、精力和增进健康的重要保证。

4. 健康运动

在希腊埃拉多斯山的峭壁上，刻写着公元前8世纪被公认为最早的一段体育格言："如果你想强壮，跑步吧！如果你想健美，跑步吧！如果你想聪明，跑步吧！"运动是改变体质最根本的办法，既可以塑身，又可以保健。因为每个人的身体本来就具有抵御外侵的毒物或癌症的能力（免疫系统）。只是身体的内在环境和外在大环境，都有过多有害的因素，使身体的免疫能力发生障碍，疾病和癌症才会发生。运动则可促进血液循环，以带动氧气和营养，使细胞增加活力，从而增强免疫力。

锻炼身体是件好事，但要注意六不宜：

①锻炼不宜骤然进行。

②雾天不宜进行锻炼。

③锻炼时不宜用嘴呼吸。

④锻炼时不宜忽视保暖。

⑤空腹不宜进行锻炼。

⑥早起不宜外出锻炼。

案例

近年来，大学生因熬夜猝死的案例频频被媒体报道，仅2012年一年就有数起。

2012年11月27日，广东工业大学信息学院学生小陈被发现猝死于宿舍中。事发当天7时，同宿舍同学发现小陈无法叫醒，并出现抽搐症状，随即拨打120，但最终小陈还是抢救无效死亡。小陈的同学说，他在电信专业读大三，今年刚满21岁。小陈是不太爱运动的"宅男"，平常睡觉的时间都在凌晨1~2点。

类似事件并不鲜见。2012年6月，烟台某高校20岁女生欢欢猝死，她因为考研和找工作的压力，猝死前两个月长期熬夜；2012年11月，成都大学学生张某参加校园活动时猝死，生前他曾在网上留言："10天4个半通宵顺利完成作业。"

血淋淋的案例不停警示年轻人熬夜的危害，为何不少大学生还是对此视而不见？

广州大学学生小刘表示，熬夜主要的原因无非是三点：学习、游戏和消夜。他介绍，不少学生熬夜是因为功课忙。尤其是考研的学生，熬夜是稀松平常的事，很多人因此每天要熬到一两点才上床。除了学习，还有不少学生因为贪玩而熬夜。广东工业大学的小张说，在他们宿舍，即使晚上两三点，宿舍的走廊里还是会传来打游戏声。他介绍，在大学生中非常流行的Dota游戏是导致很多人熬夜的主要原因。

此外，消夜也是大学生的"熬夜杀手"。来自中山大学的小王介绍，学校附近的大排档生意最好的时候是凌晨。她说，大学生中流行消夜已经不是什么新鲜事，班级比赛赢了要吃一顿、学生活动结束了要吃一顿、同学过生日要吃一顿……但是每次都不会吃完就结束，不少学生会"拼酒"到天亮。

专家建议：

多做户外运动消除健康隐患。

虽然大学生熬夜的原因五花八门，但是不良生活习惯对身体带来的危害却一样严重。近年，不少大学生生活安排不合理以及缺乏锻炼，导致身体状况频出，甚至酿成悲剧。

教育专家、中山大学教科所教授冯增俊表示，合理地安排生活作息跟锻炼，是保证大学生身体健康的重要方式。他介绍，北京大学2012年有3 000多名新生参加军训，却有600多人有就医经历。他认为，国内的中小学教育模式导致很多学生不太重视体育锻炼，也没有养成锻炼的习惯，这是很大的健康隐患。他建议，有条件的高校可以组织常态化的素质锻炼活动，督促学生多做户外锻炼，为将来压力重重的生活打好身体基础。

针对部分学生作息时间混乱的问题，不少高校也有对策，例如广州大学就设置了凌晨0:30断网的机制来控制学生的上网时间。

互动体验1

亚健康测试

没有，0分；有时有，3分；一直都是，5分。

1. 是不是早上不想起床，即使起床也觉得浑身疲倦，整天打哈欠？

◎没有　◎有时有　◎一直都是

2. 有没有觉得食欲差,什么也不想吃,但见到辛辣刺激或油炸食品就来劲?

◎没有　◎有时有　◎一直都是

3. 有没有觉得肩颈部容易酸痛,或者手脚发胀、发麻、发凉,又或者经常腹胀、腹泻、便秘?

◎没有　◎有时有　◎一直都是

4. 有没有觉得别人都不好,都不理解你,脾气变得很坏,容易烦躁不安,事后又有所察觉,似乎自己太多事,钻了牛角尖?

◎没有　◎有时有　◎一直都是

5. 天气变化,各种“流”侵袭,你是否首当其冲?

◎没有　◎有时有　◎一直都是

6. 有没有不明原因的体重下降,或者精力不济、体力不支,又或者身体有无名疼痛又检查不出病?

◎没有　◎有时有　◎一直都是

7. 总是想用茶或者咖啡来提神,喝5杯都觉得不过瘾。

◎没有　◎有时有　◎一直都是

8. 是不是经常不吃早餐或者吃饭时间不固定?

◎没有　◎有时有　◎一直都是

9. 即使剧烈运动后也很少出汗。

◎没有　◎有时有　◎一直都是

10. 注意力难以集中或健忘,越是眼前的事越容易忘掉。

◎没有　◎有时有　◎一直都是

11. 是否经常情绪不舒,感到有些抑郁,喜欢一个人发呆,不喜欢融入群体。

◎没有　◎有时有　◎一直都是

12. 厌倦运动甚至懒得爬楼,或者爬楼时出现绊脚、膝盖酸软、腿脚无力的现象。

◎没有　◎有时有　◎一直都是

13. 会不会有心悸、胸闷、厌烦的感觉?

◎没有　◎有时有　◎一直都是

14. 回到家总是懒得动,喜欢躺在沙发上,并把腿抬高才能感到舒服些。

◎没有　◎有时有　◎一直都是

15. 总是失眠,不易入睡或者容易惊醒,或者总是处于梦中,睡眠质量很差,并有脱发现象。

◎没有　◎有时有　◎一直都是

16. 有没有手掌和腋下经常出汗,却口干舌燥?

◎没有　◎有时有　◎一直都是

17. 有没有眼睛干涩、流泪、眼胀或者视物模糊？

◎没有　◎有时有　◎一直都是

互动体验2

检查你的颈椎是否有病症

两只手在后背处拉手，拉到的深浅来检验你的颈椎是否出现问题。

互动体验3

身体平衡的测试

闭上眼睛，双手伸开平放。

本章小结

健康管理是一种对个人及人群的健康危险因素进行全面管理的过程。它是基于个人健康档案基础上的个性化的健康事务管理服务，是建立在现代生物医学和信息化管理技术的模式上，从生物、心理、社会的角度对每个人进行全面的健康保健服务，协助人们有效维护自身的健康，以减少或消除危险因素，保证良好健康状态的过程。健康管理包括健康咨询、健康体检与监测、健康教育、健康危险因素干预和健康信息管理等。

世界卫生组织的研究报告认为，人类1/3的疾病通过预防保健是可以避免的，1/3的疾病通过早期发现是可以得到有效控制的，1/3的疾病通过信息的有效沟通能够提高治疗效果。疾病的发生、发展一般都要经历长期的不良生活方式累积过程，健康管理的基本模式就是通过对引起疾病的各种危险因素的归纳、分析和控制，以达到对疾病的预防或控制发展，它不同于传统医院和临床医生仅在疾病的治疗阶段才介入。美国健康管理20多年的研究显示，健康管理对于任何企业和个人都有90%和10%的关系，即90%的个人和企业通过健康管理后，医疗费用降到了原来的10%；10%的个人和企业没有进行健康管理，医疗费用比原来提升了90%。所以，健康管理对于社会、企业和个人都是必要的，它节约了医疗费用的支出，也提高了个人的生存质量。

健康是人类生存发展的要素，它属于个人和社会。以往人们普遍认为“健康就是没有病，有病就不是健康”。随着科学的发展和时代的变迁，现代健康观告诉我们，健康已不再仅仅是指四肢健全、无病或不虚弱，除身体本身健康外，还需要精神上有一个完好的状态。人的精神、心理状态和行为对自己和他人甚至对社会都有影响，更深层次的健康观还应包括人的心理、行为的正常和社会道德规范，以及环境因素的完美。可以说，健康的含义是多元的、相当广泛的。

健康要“吃得好，睡得好”，大学生要注意不吃垃圾食物，保证睡眠，多锻炼，才可以获得一个健康的身体，为今后的事业成功和人生幸福奠定良好的基础。

思考题

1. 亚健康的特征有哪些？
2. 健康标准有哪些？
3. 大学生有哪些不良的生活习惯？

作　业

请根据自己的理解完成下面的表格，并将该表格沿虚线剪下交给老师：

大学生不良的生活习惯都有哪些？如何解决？
1. 2. 3. 4. …
喝酒、抽烟的危害都有哪些？
1. 2. 3. 4. …

第七章 学习管理

[学习目标]

1. 了解学习管理内涵。
2. 养成良好的学习习惯。
3. 掌握科学的学习方法。
4. 掌握学习管理的基本方法。

[导入]

进入大学时，每个学子都怀揣着美丽的梦想。四年后，有的人实现了自己的梦想，有的人依然空空如也。究其由来和过程，人生就如寻梦。寻梦，亦如登山，山脚与山顶之间，或缓或急的石阶，只有一步一步虔诚走来，才能最终到达山顶，实现最初的梦想。这一步步石梯就如人生，好的开始是成功的一半。那么如何攀登人生之山，如何走这条“登山之路”，才能缩短“登山时间”，到达美丽的人生顶峰呢？

芸芸众生，谁都渴望成功，然而成功并不是唾手可得的。如果一个人希望获得学业、事业和人生的成功，就必须有明确的目标、科学的规划和不懈的努力，才能到达胜利的彼岸。如果说“万事俱备，只欠东风”，那么这个“东风”就是去实践，通过学习管理去实现自己最初的梦想。

第一节 学习管理的内涵

步入大学校园，莘莘学子感受到了这边独好的大学风景，在享受“梅花香自苦寒来”的欣喜之时，也迈进了人生重要的过渡阶段——大学。大学是校园生活与社会生活的过渡时期，是学生时代到成人社会的衔接期，是未来人生重要的起点。经过四年大学生涯的历练，有的同学成为精英人才，有的却荒废了四年时间毫无所知。拥有优秀的智力，身处同样的环境，接受同样的教育，怎么会有如此大的差距呢？究其根源在于不同的学习管理。不同的学习管理是导致一样的大学不一样的人生的重要原因。

一、学习管理概念

《现代汉语词典》将学习定义为通过阅读、观察、听讲、研究、实践获得知识或技能的活动。学习定义有不同的层次,广义的学习是指知识和技能的获得与形成,以及智力因素和非智力因素的发展与培养;狭义的学习专指知识和技能的获得。在大学所指的学习比较倾向于知识和技能的获得与形成,以及智力因素和非智力因素(主要通过思想道德素质、人文素养、智力水平、心理素质和身体素质表现出来)的发展与培养。

在大学,强调学习专业知识和提升综合能力(智力因素和非智力因素)都十分重要。课堂学习会占用你大部分的学习时间,专业基础课程和专业课程、作业与实验,会让你感觉到学习任务十分繁重。同时,大学还要学生培养各种能力,如学习与计划能力、写作与表达能力、动手能力、人际交往能力、社会实践能力、团队协作能力、组织协调能力。这些能力的获得要求大学生学会学习管理,即有计划地安排好大学的学习生活。那么,什么是学习管理呢?

一般意义上来说,学习管理就是在现有的知识储备量的基础上,使用有效的方法,开发学生的学习潜质,发现其自身的特长所在,使其在学习中选择机会。其实质就是让学生有架构自己知识结构的能力。针对大学生而言,学习管理强调的是大学生自主安排学习的过程,它是指大学生自主地对与其事业(职业)目标相关的学习所进行的安排、筹划并付诸行动以实现学习目标(提升综合素质适应社会需求)的过程。具体来讲,是指大学生通过对自身特点(性格特点、能力特点)和社会未来需要的深入分析和正确认识,确定自己的事业(职业)目标,进而确定学习目标,然后结合自己的实际情况(经济条件、工作生活现状、家庭情况等)制订学习计划,在实施学习计划的过程中进行自我约束、自我管理与调控以完成自己的学习目标。换言之,就是大学生通过解决学什么、怎么学、什么时候学等问题,以确保自身顺利完成学业,为成功实现就业或开辟事业打好基础。

二、学习管理的内容

随着新时代的到来,社会发展不再仅仅需要掌握单一技能的高精尖人才,而是更需要综合素质高、知识面宽、基础雄厚、具有人格魅力的高精尖复合型人才,以应付新的挑战。这种趋势在社会职业变迁中的体现比较显著,专业对口的岗位越来越少,职业变动的可能性越来越大,行业特征也不像过去那么鲜明,岗位所需的知识和技能更新周期加速,复合程度提高。这些特征将使用人单位对大学生的综合素质和人格魅力的要求空前提高。因此,学生要顺应时代变化制订自己的学习计划,通过自主的学习管理来提高自己的综合素质,从而实现自己的价值。那么,大学学什么,学习管理管什么?

我们说大学之所以被称为“大”学是因为她大,她宽容、博大而精深。在大学里面除了学习知识、掌握技术技能、积累实践经验外,更重要的是,要学会做人、学会做事、学会人情世故,学会处世为人等来提升自己的综合素质以适应社会变革的需要。相应的,学习管理就是要求学生在明确学习内容的过程中自觉地约束自己,寻求学习突破来提升自己的综合素质,以便更好地适应社会需求实现自己的人生价值。因此,学习管理与学习目标(提升综合素质)息息相关,主要是通过对大学生思想道德素质、人文素养、智力水平、心理素质和身体素质几个方面的管理来提升学生的综合素质。

(一)思想道德素质

有德之士,如夏日之荫、冬日之炉,不求亲人而人自亲之。

——庄元臣

思想道德素质主要包括政治观、世界观、人生观、价值观、道德观等内容。其中,诚信是大学生思想道德素质的根本。

1. 政治观

在社会主义社会,思想政治素质最根本的核心就是爱国主义、集体主义和社会主义思想。对祖国的热爱会变成大学生一种渴望祖国繁荣昌盛的动机,继而产生巨大的热情,为追求真理而不辞辛劳地攀登,从而形成无畏的创业精神。集体主义使大学生将自己的成才目标与社会发展、时代需要紧密相连,继而形成一种促进自己不断创新和实践的动力。学习管理要求学生在学习过程中要树立正确的政治观,在大是大非面前保持清醒的头脑。

2. 世界观

世界观是指人对整个世界的根本看法。它建立于一个人对自然、人生、社会和精神的、科学的、系统的、丰富的认识基础上。由于人们社会地位不同,观察问题的角度不同,因此会形成不同的世界观。学习管理要求大学生在学习中自觉树立马克思主义的世界观,即辩证唯物主义世界观。

3. 人生观

人生观是指关于人生目的、态度、价值和理想的根本态度和看法,包括对人生价值、人生目的和人生意义的基本看法和态度。它是世界观的重要组成部分。人生观主要回答人为什么活着,人生的意义、价值、目的、理想、信念、追求等问题。人生观的基本内容包括幸福观、苦乐观、荣辱观、生死观、友谊观、道德观、审美观、公私观、恋爱观等。学习管理要求大学生在学习中自觉树立正确的人生观,把自己锻炼成一个高尚的人、纯粹的人、脱离低级趣味的人,一个有益于他人的人。

4. 价值观

价值观是指一个人对周围的客观事物(包括人、事、物)的意义、重要性的总评价和总看法。价值观取决于人生观和世界观。一个人的价值观是从出生开始,在家庭和社会影响下逐渐形成的。价值观不仅影响个人行为,还影响着群体的行为和整个组织的行为。当代大学生在学习中应该自觉培养理性价值观和社会性价值观,即以知识和真理、群体和他人为中心的价值观。

5. 道德观

道德是以意识形态为基础的人们在共同生活中形成的行为准则和规范。道德增值,则人人自爱,社会和睦;道德贬值,则良知泯灭,必生祸乱。当代大学生要成为"有理想、有道德、有文化、有纪律"的社会主义新人。"四有"是精神文明建设的总体要求,而"有理想、有道德”又规定了它的性质和方向。当代大学生在学习中要自觉树立崇高的思想道德，因为“无德不能怀远”，无德便不能真正具有良好的文化修养，无德便不可能有高度的纪律观念。

6. 诚信

面对诱惑，不怦然心动，不为其所惑，虽平淡如云，质朴如流水，却能让人领略到一种山高海深，这是一种闪光的品格——诚信。近年来，受各种环境因素的影响，部分学生潜意识中的诚信意识变得匮乏，曾被视为一方净土的大学校园也出现了诚信缺失的现象。

因此，学习管理要求学生在学习过程中树立正确的世界观、人生观、价值观，做社会主义核心价值观、荣辱观的践行者，从我做起，从身边做起，从小事做起，诚实做人，诚信做事，以身作则，遵纪守法，修身养性，陶冶情操，不断学习与思考，使高尚成为一种修为，一种习惯。“当日知其所亡，以就懿德”。

(二)人文素养

在缺乏教养的人身上，勇敢就会成为粗暴，学识就会成为迂腐，机智就会成为逗趣，质朴就会成为粗鲁，温厚就会成为谄媚。

——洛克

人文素养是指一个人成其为人和发展为人才的内在素质和修养。发展人文素养的核心就是“学会做人”——做一个有良知的人，一个有智慧的人，一个有修养的人。它是一种内在文化美德的自然体现，自然是不需要他人来提醒的。因此，现代化生产要求学生不仅要学好专业知识、技能，而且还要懂得学习和吸收人类社会的优秀文化成果，加强人格修养、理想信念、价值观念以及文明礼仪等方面的综合素质。大学生通过学习应具有正确鉴别社会事物的知识结构能力，良好的文明行为习惯，团结合作意识，对环境变化的适应性和社会生活的协调能力，提高审美鉴赏的语言文字、人际交往的能力，并能正确处理人与自然、人与社会、人与人之间的关系，以及人生的理性情感、意志等方面问题的能力。这些都是大学生适应现代化生活所必需的基本素质和能力，大学生在学习的过程中应有意识地通过规划管理自己的学习来获得这些能力。

一个国家没有现代化科学就会落后，就要挨打；而一个国家没有人文文化，精神就会迷失，民族就会异化；一个人没有人文精神，他就是一个残缺、不完整的人。作为21世纪的大学生，既要有科学素养，又应有人文精神；既要有专业知识，又应有健全人格。大学生应高度重视人文素养的培养，将人文素养的培养纳入自己学习的计划中，在学习管理过程中将自己放入人文环境中去陶冶情操，接受人文教育，提升人文素养。

(三)智力水平

圣人之智如日，贤人之智如月，士人之智如烛……如日者，无所不照，无所不彻也；如月者，无所不照，有所不彻也；如烛者，思至则见，不思不见也。

——庄元臣

智力是人们在认识客观事物的过程中所形成的认识方面的稳定的心理特点的综合，它包括观察力、注意力、记忆力、想象力和思维能力，其中思维能力是智力的核心。人们普遍认识到智力是一个人的学业、事业成功的基本前提，智力开发、思维水平提高在现代人才培养中处于核心地位。

现代社会知识化、信息化速度日益加快，使得整个社会出现了“知识崇拜”“人才崇拜”的潮流，而较高的智力水平，是形成高知识人才的最有利条件。然而智力不是先天的，而是靠我们后天的努力完成的，这就需要我们善于思考、善于学习、善于总结，时刻锻炼自我。只要你肯为你的目标付出艰辛的劳动，并配合正确的方法，就一定会获得成功。

人脑是越用越灵活，即要想提高智力水平，就要多用脑，多思考，要注意培养独立思考的能力，要防止那种死记硬背，不求甚解的倾向。大学生通过学习管理提高智力水平就是要求其在学习中要多问几个“为什么”，一个问题可以从几个不同的方面去思考，做到举一反三，融会贯通；要多总结，多归纳，做到知行合一；要循序渐进，持之以恒。伟大领袖毛泽东曾言：“贵有恒，何必三更眠五更起；最无益，只怕一日曝十日寒。”任何积极训练思维，提高智力水平的方法，都是要在长期坚持的基础上取得效果的。掌握方法，逐步积累，终会成功！

（四）心理素质

成功是产生于那些有了成功意识的人身上，失败根源于那些不自觉地让自己产生失败意识的人身上。

——拿破仑·希尔

心理素质包括人的认识能力、情绪和情感品质、意志品质、气质和性格等个性品质诸方面。心理是人的生理结构特别是大脑结构的特殊机能，是对客观现实的反映。心理素质的高低反映心理健康的程度，心理素质好的人心理就健康，心理素质较差的人在心理健康方面就存在一定的问题。在整体素质中，心理素质处于基础、核心地位，而且越来越成为人们身心健康、事业成败、生活幸福的决定因素，是一个人取得人生成功的关键。因此，良好的心理素质也是大学生学习管理的重要方面。

根据某高校的一项针对大学生人格问卷UPI（University Personality Inventory）的调查结果显示，大学生心理方面的问题主要表现为：理想与现实矛盾的失落感、心理优越感转变为挫折感、独立生活带来的无助感、人际障碍造成的孤独感、专业定向不适合的失意感、学习目标缺乏的空虚感、学习过程不适应的紧张感等。学习管理就是要求大学生找到自己的问题所在，调整心态主动适应大学学习生活。建立自信，是适应大学生活的心理状态，同时，明确学习目标也可以使我们找到大学生活方向。因此，大学生可以在管理学习的过程中，运用已有的知识和能力，自觉确立学习目标、探寻学习方法、了解学习规律并合理规划自己的学习来提升自己的综合能力。

（五）身体素质

健康是人生的第一财富。

——爱默生

身体素质简称体质，是生命质量的基础。从体育锻炼的角度讲，具体包括力量、速度、耐力、柔韧、灵敏这五个方面。正所谓“身体是革命的本钱”，没有好的身体，学习无从谈起。因此，当代大学生应将如何增强身体素质纳入学习管理中，选择合适的锻炼项目，注重体质的内外修养，“早睡早起、避免邪淫、控制情绪”，树立“健康第一”和“终身体育”的思想观念，把合理膳食、体育锻炼作为自身发展的一部分。

三、学习管理的意义

学习管理的目的是促使大学生有效地学习，并通过自主自觉学习来获得知识和技能，以及提高智力和非智力水平。它对于大学生来讲有重要的现实意义。

（一）为自我健康发展奠定基础

通常情况下，人的职业生涯发展划分为职业准备与选择、职业生涯早期、职业生涯中期、职业生涯后期四个阶段。大学时期正处在职业准备与选择阶段，因此学习管理是做好职业生涯设计的前提和基础。从社会发展和用人单位对人才的要求来看，他们更钟情于综合素质高、专业能力强的复合型人才，也愈发强调员工的主动性与创造性才干，更加喜欢对事业发展有规划和有准备的人。从大学生就业调查情况来看，那些从入校开始就有明确发展目标，制订了周密的、科学的学习管理计划，并坚持不懈地实现学习目标的学生，在就业市场上往往成为用人单位争抢的对象。这部分学生也可以在这样的氛围中，有更多的选择机会，找到理想的工作，为整个职业生涯发展打下一个坚实的基础。反过来，大学中也有这样一部分学生，在校期间，没有明确的学习目标，没有自主地进行学习管理，浑浑噩噩地“混”大学，到头来，不仅得不到用人单位的青睐，有的甚至根本完不成学业，被大学校园无情淘汰。由此可见，从入校开始就明确学业发展方向，制订学习管理计划并为之奋斗，作为奠定大学生一生的良好发展基础，是何等的重要。

因此，在学生入学时，有必要建立起做好学习计划的概念，做好学习管理，为自己健康发展开好头、起好步。这既是对自己的现在负责，也是对自己的将来负责，为自己将来能够真正承担起个人、家庭、社会的责任奠定第一步。

（二）有助于发掘自我，促成自我实现

一份有效的学习计划再加上恰当的学习管理，能够引导大学生认识自身的个性特质、现有的和潜在的资源优势，帮助他们重新认识自身的价值并使其持续增值；引导他们对自己的综合优势与劣势进行对比分析；引导他们树立明确的学业发展目标与未来职业理想；引导他们评估个人目标与现状的差距；引导他们学会如何运用科学有效的方法、采取切实可行的步骤和措施来管理学习，不断增强自己的学业竞争力，实现自己的学习目标与理想。

一个人成功的职业生涯是以一份良好的学习管理计划为前提和基础的。我们很难想象，一个抱着“当一天和尚撞一天钟”的心态，浑浑噩噩度日的人能实现自己的高层次需求，能感受到人生成功的快乐。

因此，大学生应该是自己人生、事业、学习的规划者，更是学习的管理者和实践者，为自我设计蓝图，为实现自我价值做好准备、创造机会。当然，没有学习管理计划，大学生也可能毕业，但有了有效的学习管理计划，获得成功将更快、更大，实现的价值也更大。

(三)激励自我，防止消极情绪

大学是迈进社会的过渡阶段，制订良好的学习管理计划可以为今后步入社会打下基础，同时，大学也是一个理想的学习、生活环境。

很多调查表明，许多学生进入大学后，没有了升学的压力，有了更多属于自己的时间和空间。大学学习是能动性和开放性的结合，不像高中那么枯燥、封闭。大学的学习有更强的目的性，可以选择自己想学的去学，可以根据自身的学习情况学习，有针对性地学习专业知识。没有压力的学习固然令人身心愉快，但没有压力，就难产生动力。出于对未来职业发展的思考，很多学生对“60 分万岁”持否定态度，认为这是一种不可取的学习态度。无论从学习目标和学习态度来看，这都是消极的，也是制约学生发展的瓶颈。事实上，在当今科技知识高速发展、竞争异常激烈的社会中，大学生只有尽早地制订一个符合自己发展进步的学习管理计划，在知识和能力方面不断地提升自己，才有可能适应现代社会对青年人的要求。

(四)夯实专业知识，学会思考

美国教育家 B. F. 斯金纳说过：“如果我们将学过的东西忘得一干二净，最后剩下来的东西就是教育的本质了。”这些“剩下来的东西”就是靠自己的学习，通过思考的能力能够完成的。大学不是高中，更不是培训班，而是让学生能够独立思考，将来有能力适应不同职业的教育和成长平台。在大学学习期间，我们在夯实专业知识的基础上，最重要的还是要学会独立思考和看待问题的方法，进而能够独立解决。

所以，一份合理而有效的学习管理计划，能够在学习和思考的方向上起着重要的导航作用，促进大学生在学习的过程中学会思考，使其将来能够更好更快地适应社会。

学习管理对于大学生是如此的重要，为了让同学们更好地理解学习管理的内涵，特选一份范例供大家参阅。（注：学习管理的过程不是固定的，同学们在制订学习管理方案时需根据自己的实际情况选择符合自己个性的学习管理模式。值得一提的是，无论怎么选择，学习管理方案中需包含学习目标与实现目标的措施。）

案例1

我的大学，我主宰

“我们跻身在人才济济的星空下！日月光华中有我们闪亮的眼睛，我们规划的秋天已退去童话的色彩，一个真实的现在可以开垦一万个美丽的未来！”

因为这句话，我对大学无限憧憬，我一直相信努力了就有收获。但现在，在憧憬中我也渐渐地迷失了自己，没了努力的激情，没了前进的动力。没有目标，让我找不到方向，我想我得规划规划我的学业了，给自己的将来铺一条明亮的路。未来并不是隐藏在我闲庭漫步的云彩后，只有我看准了未来，踏过艰辛后，才有灯火阑珊处寻她千百度的感觉。

一、个人特质分析

1. 优势和特长

性格活泼开朗、交际能力强；遇事沉着冷静，有一定的分析和判断能力；组织策划能力较强，能独立地完成一项任务。

爱好读书，写读书心得。爱好体育运动，尤其是乒乓球和游泳。喜欢看NBA，喜欢赛场上为争取胜利的全力竞争的氛围，喜欢听音乐。不开心的时候喜欢找朋友谈心。

2. 劣势和不足

长时间做一件事容易浮躁，特别是自己不喜欢的事，有时说话做事不考虑别人的感受，大大咧咧，丢三落四，情绪波动较大，不喜欢跟别人商量，主观性强。

二、软件行业现状与前景分析

目前，软件产业是国家和××省重点发展的产业，对技术的要求越来越高，人才的需求量也不断增加。据《软件及服务外包产业人力资源蓝皮书》的数据显示，2009年，××市软件与信息服务业从业人员规模达到15万人，××高新区软件及服务外包产业销售收入突破300亿元，出口2.1亿美元；聚集的企业近600家，其中不乏国际知名的大企业和全球500强企业。

如此多的企业进驻高新区，对人才的需求必然很大。据资料分析，未来三年软件专业技术人才的缺口将达到30万人，因此，从未来的职业发展来看，学软件的发展空间更大，未来职业提升空间、相对工资和收入提升空间都会更大。

三、大学四年的发展目标

1. 思想和道德素养目标

大学四年中，要努力使自己成为一名有理想、有道德、有文化、有纪律的人，思想要积极向上，充满热情。作为一名入党积极分子，要积极向党组织靠拢，争取早日加入中国共产党，道德方面肯定自己的言行举止不违背大多数人的意志，但有些方面还是要坚持自己，不能人云亦云，要有自己的思维方式和生活方式。

实现目标的措施：

生活态度积极，勇于面对挑战，关注周边生活百态，能区分是非善恶，多听取他人的意见，调整自己的思想目标，及时弥补缺陷。另外，要多读书，开阔视野，联系实际，要善于思考，多做总结，沉淀积累下来的才是自己的东西，每一个半月向辅导员交一份书面的思想汇报。每个星期六自学马克思和列宁的著作，关注国家发展，用党性的思维去分析发生的事情。

2. 课程学习目标

(1) 学好基础课，尤其是英语，特别是英语口语，要把英语作为一门交流工具，争取大二上学期通过四级，下学期过六级。

(2)熟练地掌握所有专业基础课所涉及的计算机基础理论、原理和方法,尤其是数据结构、计算机网络、数据库原理等课程的内容。

(3)精通一门编程语言,在大学四年时间里,编程的代码量至少10万行。

(4)学好专业方向课。

实现目标的措施:

每天要记50个英语单词,每3天做1套英语四级真题试卷,每天阅读英语文章一篇,在和同学交流的过程中,条件允许时尽量用英语交谈。

上课认真听老师讲解专业知识,课后认真复习,认真上好实验课,有空就到实验室进行编程训练。

争取加入老师的科研团队,认真完成老师布置的任务。通过科研活动学习知识,增长才干,如没有机会加入,就联络几位有相同专业兴趣的同学组成团队,共同完成一些项目,以提高自己的编程能力。

3. 人文著作阅读目标

我喜欢读书,更喜欢读大家之作,我个人比较偏爱鲁迅,曾一度被他的人格魅力打动,喜欢他那种由文字透出来的骨气和坚强,读书中之人,读作者之意,体味他们最深层次的思想。我偏爱中国近代大家之作和欧美文学名著,相信大家公认的就是最好的,不求数量,哪怕一学期只读一本,只求自己思想上有一个大的进步。只要读书就有进步,要多读百科全书,争取掌握多方面的知识,精要精学,范要广通。

实现目标的措施:

要读小说、散文、人文传记,图书馆是个绝佳的地方,我喜欢图书馆,因为不管什么时候进馆,你总能在里面找到属于自己的书,属于自己的位置,幸运的话,还可以在阳面位置,沐浴着阳光,读自己喜欢的书,不失为一种享受。所以大学我需要做的也并不难,那就是爱上图书馆,让自己的思想在每一本书中都能有一个提高。

4. 社会实践服务目标

在大学期间,努力争取学校外出实践的机会,增加社会实践经验,感受当今社会的总体氛围,只有这样,自己才不会在思想上与社会隔离开来,而且能增强自己吃苦耐劳的精神,实践经验丰富会对自己以后的发展有很多的好处。

实现目标的措施:

积极参加学校实践活动,努力进入好的团体。现在我在校广播站担任播音工作,这是锻炼自己的一个绝好机会。积极参加各种课外科技竞赛活动,如“挑战杯”比赛,通过竞赛树立团队合作意识,提高自身能力。

5. 健康目标

大学四年自己始终要保持健康的体魄,身体是革命的本钱,没有健康的身体,一切都无从谈起,身体各方面的素质都要达到标准,保持身心健康。

实现目标的措施：

抓住一切可以锻炼的机会，尤其是体育课，要学好体育技能，坚持自己在体育方面的爱好，如跑步、打乒乓球、篮球、游泳等。

第二节 学习习惯与学习方法

大学教育是学校教育的最高层次，就受教育者的学习生涯来说，是一生中最后一次系统性地接受教育的机会，最后一个能够全心建立其知识基础的阶段，是从在学校教育中学习走向在社会工作环境中学习的过渡阶段。大学学习与中学学习有着很大的不同，表现在大学的学习依赖性减小，主动性增加，强调主动学习、全面学习、创新学习，培养终身学习的意识和能力。就大学教育的内容来说，传授的是基础知识和专业知识，是一种专业性的教育，知识的深度和广度比中学扩展很多；就教学形式和学习方法来说，大学的教学往往是提纲挈领式的，教师在课堂上只讲难点、疑点、重点，其余部分就要由同学自己去攻读、理解、掌握，大部分时间是留给学生自学的。因此，自学能力是学生必须掌握的基本能力，尤其是大一新生，从入校开始，就必须清醒地认识到这一点，更应该注重培养自己这方面的能力。大学的学习不能再像中学那样完全依赖教师的计划和安排，学生不能只单纯地接受课堂上的教学内容，被动地学习，必须充分发挥主观能动性，发挥自己在学习中的潜力，自主安排学习计划和学习内容，自主选择学习方法。这种充分体现自主学习性的方式，将贯穿大学学习的全过程，反映在大学生活的各个方面，并影响大学生的一生。因此，大学生在管理自己的学习过程中要适应这种变化，养成良好的学习习惯，并采取有效的途径、方法去管理自己的学习。

一、学习习惯

心理学巨匠威廉·詹姆斯说："播下一个行动，收获一种习惯；播下一种习惯，收获一种性格；播下一种性格，收获一种命运。"可见，行动养成习惯，习惯铸就性格，性格成就命运，也就是说，一个人的行为习惯长时间地影响着自己的性格甚至一生的命运。那么，作为我们当代大学生，如何去培养好习惯，需要养成哪些好习惯，又怎样去养成良好的学习习惯呢？

（一）好习惯的培养

习惯是一种长期形成的思维方式和处世态度，它是由一再重复的思想行为形成的，具有很强的惯性，一经形成，就难以改变，因而对人的影响重大而久远。一般来说，习惯可以在有目的、有计划的训练中形成，也可以在无意识的状态中自发形成。但良好的习惯总是在有意识的训练中形成，很难在无意识中形成，而不良习惯却往往在不自觉中自发形成。因此，培养好习惯不是一件轻而易举的事。正所谓"变坏容易变好难"。从这个意义上讲，培养好习惯需要我们不懈地努力。

培养好习惯，应注重把握四大原则。

第一,明确好习惯的内涵和意义。只有搞清楚什么是好习惯,理解好习惯对你做人做事的重要影响力,并把它与不良习惯区分开来,你才会有培养好习惯、克服坏习惯的强烈愿望,也才能找到培养良好习惯的正确途径。

第二,对自身的不良习惯进行排序分析。克服一个坏习惯,培养一个好习惯,往往是一件很难的事。因此,你应首先对自己的不良习惯加以罗列,写出"不良习惯一览表",明确哪些不良习惯是最制约你进步、成长的,因而是最应该、最急需克服的,从而使你分清主次,理智、有序地克服坏习惯。

第三,制订计划,逐一实施。人的习惯是多种多样的,包括我们工作方面的习惯,也包括学习、健康、感情、与人相处、思维方式或行为方式等方面的习惯;它像一棵大树,有干、有枝、有叶。因此,我们要对准备培养的良好习惯作统筹安排,列出计划,并对其逐一实施,循序渐进,由易到难,由近及远。

第四,抓好开头,严格自律。俗话说:"万事开头难","好的开端是成功的一半"。开始时要宁少勿多、宁简勿繁。先找一个做起来较有兴趣、易见成效、易受自己和周围人关注激励的习惯开始,下大功夫,坚持到底。这样做容易成功,还可以激发兴趣,为下一步活动打好基础。要特别注重第一个月,根据美国科学家的研究,一个好习惯的养成需要21天,90天的重复会形成稳定的习惯。一个观念如果被验证21次以上,它就会形成你的信念。美国著名教育家曼恩说:"习惯像一根缆绳,我们每天给它缠上一股新索,要不了多久,他就会变得牢不可破。"

培养好习惯,还应做到"君子慎独"。就是在你独处或独自行事时,要谨慎自律,坚守道德信念,自觉用道德规范或良好习惯约束自己的言行。长此以往,好习惯就会自然养成。

培养好习惯的方法很多,也往往因人、因环境条件而异,但以下方法对我们有较大帮助:

①明确目标法。当前你要培养的好习惯具体是什么,你应有一个明确清晰的目标,这样才能有的放矢,事半功倍。与之相对的坏习惯是什么,你也应有一个清醒的认识;如果这类坏习惯你已具有,你就应对症下药,加以克服,以扫清你培养好习惯的障碍。

②潜意识输入法。把你要培养的习惯"输入"头脑,了然于心,强化信念,潜意识就会不时提醒你去完成。这是一个费力不多却很见成效的方法。

③视觉刺激法。把你要培养的习惯制成卡片或画成图形,然后牢记于心,再贴于墙头、门上或桌上等醒目易见之处,以刺激视觉,强化效果。

④行动强化法。对你要培养的习惯,应不断实践,反复练习,坚持到底;要反复对自己说"我做得到!""我要去做!"以不断给自己加油打气。如果你能连续行动21天,好习惯在你身上就不难形成。

⑤他人协助法。把你要培养好习惯的计划向亲朋好友宣布或许诺,并请其协助或督查,也会有不错的效果。

⑥综合训练法。好习惯的培养,需要个人有良好的素质条件。因此,要注重提高自己的

思想道德素养、文化科技素养、心理健康素养、科学思维素养，为良好习惯的形成创造良好条件。

(二)大学生需要养成的几个好习惯

习惯就像潺潺细流，总能滋润两岸草；习惯有如习习微风，总能催开三春花。有良好习惯的人，总能自觉地去恶从善，总能使周围的人感到愉悦。有良好习惯的人，并不需要特别的契机，而往往能处变不惊，处乱不慌，转危为安，甚至把危机转化为转机。有良好习惯的人，并不需要刻意表现自己，那种较高的文明素养、文质彬彬的君子风范、进退自如的雍容大度，自会散发出独特的个人魅力，赢得人们的认可和赞誉。那么，大学生应养成哪些好习惯呢？

1. 要培养积极思维的好习惯

现实中，我们的各种活动往往都是在被动地应付各种需求，因而被迫进行思考。其实，养成良好的习惯，需要我们改变被动思考的习惯，养成积极主动的思维习惯。作为青年大学生，尤其应养成积极思维的好习惯。怎样才能养成积极思维的习惯呢？当你在实现目标的过程中，面对具体的学习或工作任务时，你的大脑里永远不要有“不可能”“完不成”的想法，应积极思考“我怎样才能做到？”用积极的思考和有效的方法，来完成你的任务。

2. 要培养强身健体的好习惯

健康是福。健康是“革命”的本钱，是成功的保证。拥有健康就拥有一切。但保持健康，需要坚持科学生活、强身健体的好习惯。

锻炼身体的重要性已经越来越多地为人们所认识，但很多人只停留在思想上重视、行动上乏力的阶段。大学生虽然处于年轻力壮的黄金时期，但同样需要爱惜和强健自己的身体。要坚持体育锻炼，培养一至两项体育爱好，如跑步、打球等；要养成良好的作息习惯，早睡早起；要养成良好的卫生习惯，勤洗衣服勤洗澡，注重个人卫生；要有良好的饮食习惯，不抽烟酗酒，不暴饮暴食，吃健康食品等，这些都有利于保证我们有足够的精力去学习科学、享受生活。

3. 要培养善于读书的好习惯

关于读书的重要性，古往今来的很多名言绝句足可以说明。美国著名科学家、发明家本杰明·富兰克林说，“读书使人充实，思考使人深邃，交流使人清醒”。英国哲学家弗朗西斯·培根也说，“读书使人渊博，辩论使人机敏，写作使人精细”。虽然“万般皆下品，唯有读书高”的时代已经过去，但养成不断学习的好习惯永远不会过时，它是打开你成功大门的金钥匙。

案例2

哈里·S. 杜鲁门是美国历史上著名的总统。他没有读过大学，经营过农场，后来经营一间布店，经历过多次失败，当他最终担任政府职务时，已年过五旬。但他有一个好习惯，就是不断读书学习。他懂得读书是成为一流领导人的基础。他的信条是："不是所有的读书人都是一名领袖，然而每一位领袖必须是读书人。"他一卷一卷地读了《大不列颠百科全书》，读了查理斯·狄更斯和维克多·雨果的所有小说，读过威廉·莎士比亚的所有戏剧和十四行诗……多年的广泛阅读，使杜鲁门的知识非常渊博，也使他在面对各种棘手的问题时能运筹帷幄、轻松应对，因而帮助他带领美国顺利渡过了第二次世界大战结束时的困难时期，并很快进入战后繁荣。

每一个成功者都有着良好的学习习惯。世界500强企业的CEO每周都要翻阅大约30份杂志或图书资讯。作为青年大学生，更不应懈怠自己，如果你每天读书15分钟，你就可能在一月之内读完一本书，一年之后读完12本书，10年之后读完120本书。想想看，每天只需要抽出15分钟时间，你就可以轻松地读完120本书，这是多么轻松而有意义的事。

4. 要培养保持谦虚的好习惯

一个人没有理由不谦虚。面对人类知识的海洋，任何一个我们看来博学的人都很浅薄。

案例3

著名科学家法拉第晚年时，法国政府准备授予他爵位，以表彰他在物理、化学方面的杰出贡献。他拒绝了，但退休之后，他仍然常去实验室做一些杂事。

一天，一位年轻人来实验室做实验，对正在扫地的法拉第说："干这活，他们给你的钱一定不少吧？"

老人笑笑说："再多一点，我也用得着呀。"

年轻人又问："那你叫什么名字？老头？"

"迈克尔·法拉第。"老人淡淡地回答。

年轻人惊呼起来："哦，天哪！您就是伟大的法拉第先生！"

"不！"法拉第纠正说，"我是平凡的法拉第。"

谦虚是一种美德，更是一种人生的智慧。这种美德和智慧成就了法拉第的伟业，也告诉我们新时代的大学生，谦虚能让你不断进步，取得成功。

5. 要培养理性自制的好习惯

任何一个成功者都有着非凡的自制力。

案例4

三国时，蜀相诸葛亮亲自率领蜀国大军北伐曹魏，魏国大将军司马懿采取闭城休战、不予理睬的办法对付诸葛亮。司马懿认为，蜀军远道来袭，后援补给必定不足，只要拖延时日，消耗蜀军的实力，一定能抓住良机，不战而胜。

诸葛亮深知司马懿沉默战术的利害，几次派兵到城下骂阵，企图激怒魏兵，引诱司马懿出城决战，但司马懿一直按兵不动。诸葛亮于是用激将法，派人给司马懿送去一件女人衣裳，并修书一封说："仲达不敢出战，跟妇女有什么两样。你若是个知耻的男儿，就出来和蜀军交战，若不然，你就穿上这件女人的衣服。”

这封充满侮辱轻视的信，虽然激怒了司马懿，但并没使老谋深算的司马懿改变主意，他强压怒火稳住军心，耐心等待。

相持数月之后，诸葛亮不幸病逝军中，蜀军群龙无首，悄悄退兵，司马懿果然不战而胜。

抑制不住情绪的人，往往伤人又伤己。如果司马懿不能忍耐一时之气，出城应战，可能历史就会重写。

在现代社会，人们面临的诱惑越来越多，如果缺乏自制力，就会被诱惑牵着鼻子走，偏离成功轨道，甚至断送前程。

大学生虽然不能像司马懿一样老谋深算，但也要理性处理平日里的各种事情，尤其是一些感情纠葛、困难麻烦等，切忌感情用事。

6. 要培养风趣幽默的好习惯

案例5

林肯虽然长相丑陋，但他从不忌讳这一点，相反，他常常诙谐地拿自己的长相开玩笑。在竞选总统时，他的对手攻击他两面三刀，搞阴谋诡计。林肯听了指着自己的脸说：“让公众来评判吧。如果我还有另一张脸的话，我会用现在这一张吗？”林肯就是用这种幽默的方法，多次成功地化解了可能出现的尴尬和难堪。

幽默是一种风趣而意味深长的交流方式，是人际交往中调节气氛、化解尴尬、增进情感、成功沟通的催化剂，是一个人成熟和机智的一种表现。有人把它看作精神上的“按摩师”。列宁说：“幽默是一种优美的、健康的品质。”可见，学会幽默，笑纳幽默，是人的一种表达能力和沟通能力。

7. 要培养时常微笑的好习惯

在欧美发达国家，人们见面都要点头微笑。这使人们感到十分温暖。

案例6

举世闻名的希尔顿大酒店，其创建人希尔顿在创业之初，经过多年探索，发现了一条简单易行、不花本钱的经营秘诀——微笑。从此，他对所有员工提出要求：无论饭店遭遇什么困难，希尔顿饭店服务员脸上的微笑永远是属于顾客的阳光。结果，这束“阳光”最终使希尔顿饭店赢得了全世界的一致好评。

微笑是大度、从容的表现，是人际交往的通行证，也是我们大学生建立良好人际关系的润滑剂。你待人以微笑，回报你的一定是一个友好的微笑。

8. 要培养主动参与社会活动的好习惯

案例7

作为一个社会成员，有没有积极投身社会、参与社会活动的好习惯，决定了社会对你的认可和肯定程度。

美国标准石油公司有一个叫阿基勃特的小职员，开始并没有引起人们的特别注意，但他是积极参与企业宣传、处处注意维护和宣传企业形象的标兵。有一件小事足以说明。他出门在外住旅馆时，总是不忘在自己签名的下方写上十个字——"每桶四美元的标准石油"，连给亲友写信甚至在打收条时都不例外。为此，同事们都叫他"每桶四美元"。这事被董事长洛克菲勒知道了，董事长邀请阿基勃特共进晚餐，并号召公司职员向他学习。后来，阿基勃特成为标准石油公司的第二任董事长。

这个故事对我们青年学生很有启发意义。

热爱自己的学校，热爱自己的班级，积极参与社会活动和学生工作，不仅可以锻炼自己的社会活动能力，更重要的是，在这些活动中，还可以展示自己的才华，并得到他人的认可和帮助。

（三）大学生良好学习习惯的养成

学习习惯是在学习过程中经过反复练习形成并发展，成为一种个体需要的自动学习行为方式。养成良好的学习习惯，有利于激发学生学习的积极性和主动性；有利于形成学习策略，提高学习效率；有利于培养自主学习能力；有利于培养学生的创新精神和创造能力，使学生终身受益。大学生要管理好自己的学习，就必须调整心态，适应大学生活的变化，养成良好的学习习惯。大学生良好学习习惯主要体现在自主学习、创新学习、全面学习、学以致用、知行合一的学习实践中，同样，良好的学习习惯也是在自主学习、创新学习、全面学习、学以致用、知行合一的学习实践中逐渐养成的。

1. 自主学习

在当代信息社会中，由于知识、信息量的不断增长，每个人都需要不断地学习、学习、再学习，同时必须有效地学习，在吸收前人优秀的学习方法，关注以知识积累为主的传统学习模式的同时，培养学习者学习的独立自主性。自主学习正是这样一种能满足时代要求的学习形式。

大学给予了学生更多的自由支配时间和更多的自主权。同学们必须对此有一个清醒的认识，明确这种"自由"不是用来打游戏的，而是让你利用充分的时间和空间在知识的海洋中遨游，不断地充实自己，完善自己，实现自我。实际的大学生活中，有的学生对这种"自由"理解错误，滥用这种"自由"，整天忙着看小说，沉迷于网络游戏，学习上缺乏动力，缺乏自觉性，表现出一种"厌学"情绪；有的学生以为上了大学就是进了"保险箱"，糊里糊涂过日子，浑浑噩噩混文凭；有的学生因为专业不如意而郁闷，情绪低落，对学习打不起精神。因此，大学阶段如能排除对学习的种种干扰，掌握学习的主动性，进行自主学习，就能学有所成。因此，对大学生来说，树立自主学习的意识非常重要。大学生应通过自觉确定学习目标、自我钻研学习内容、自我选择学习方法、自我监控学习过程、自我评价学习效果来实现自主学习，并持之以恒地坚持下去，使自主学习成为一种习惯。

2. 创新学习

创新学习是将学习过程看作一种探索活动、一种创造性的劳动过程。不仅重视对基本知识、基本方法的掌握，更注重对所学知识的批判意识、综合意识的发展。它是在继承前人知识的基础上，对知识进行发展、开拓、创新，注重知识的发展性理解，追求“青出于蓝而胜于蓝”，“踏着前人的肩膀向上攀登”。它以掌握前人知识为起点，以应用并且发展知识为目标，注重知识的发展性，在提高应用能力的基础上培养创新的能力和技巧，讲究“推陈出新”。创新学习要求大学生在学习管理过程中要有探索未知的激情和冲动、敢于对陈规旧说进行质疑和批判、重视实践、善于总结，并将这些作为一种学习习惯坚持下去，这样才能做到创新学习。

3. 全面学习

从就业市场反馈的信息分析，用人单位对人才的要求正日益提高，因此培养综合素质高、实践能力强的复合型人才已成为高校新的工作目标，也是同学们努力的方向。这就要求大学生在管理自己的学习过程中有全面学习的观念。不仅要通过学习掌握一定的专业知识，还要努力参加各类实践，使自己的能力和素质都得到提高，以得到全面发展。

为了适应全面学习的需要，培养提高学生的综合素质，很多高校都调整了课程计划，增设了大量选修课，这无疑为大学生全面学习提供了条件，但是要取得真正的效果，还需要同学们树立全面学习的观念，同时在行动上也要努力实践。大学生应该看到，随着知识经济时代的到来，世界的科技与文化，如自然科学、人文科学、社会科学等方面都呈现出高度融合的趋势。因此，大学生要树立并强化全面学习的观念，在全面学习的过程中养成良好的学习习惯，才能以博才取胜，适应新世纪的发展需要。

4. 终身学习

当今时代是知识经济时代，知识激增，信息的内容和载体多样化，知识老化的周期越来越短，因此仅凭在校所学的知识，也许可以应对一时，但不可能支撑一生。因此，我们每一个人都无一例外地要树立终身学习的理念，并努力实践终身学习。

作为新世纪的大学生，为适应新世纪的公民和新型科技人才的需要，应调整好心态，自觉建立终身学习观，并在大学学习阶段，养成良好的学习习惯，做好终身学习的准备，为终身学习打下坚实的基础。

5. 学以致用、知行合一

大学，是运用知识创造知识之处，也是面向社会、走向社会之所。因此，一个合格的大学生在大学阶段应做好两件事，即学会学习、学会做人。经过长时间的摸索，以及与老师、同学的交流，大致可以概括为学以致用、知行合一。

学以致用、知行合一既是学习的目的，又是学习的一种习惯。学以致用是指为了实际应用而学习，学是指学习；致用是指将知识运用到实际当中，也就是理论联系实际。知行合一是中国古代哲学中认识论和实践论的命题，主要是关于道德修养、道德实践方面的。学以致用，知行合一，重点应该还是在“行”和“用”上面。就算我们学得再多，研究得再透彻，只要不运用，那么只是“死学”“死读书”，这样白白浪费了时间和金钱，没有一点好处。只有用，真正地运用，才能说明我们学习的最终目的。因此，当代大学生在学习管理过程中，要在“学以致用”的指导下形成比较正确的学习目的与良好的学习习惯，不为学习而学习，更不为考试而学习。同时要加强自己的道德文化修养，培养高尚的情操，树立牢固的团队精神与集体意识用来指导、规范自己的言行，做到“知行合一”。

二、大学学习方法

从中学到大学，是人生的重大转折。大学生活的重要特点在于生活上要自理，管理上要自治，思想上要自我教育，学习上要高度自觉。大学学习中，无论是学习内容，还是学习方法和要求，都与中学的学习存在很大的不同。要想真正学到知识和本领，除了继续发扬勤奋刻苦的学习精神外，还要适应大学的教学规律，掌握大学的学习特点，选择适合自己的学习途径并采取恰当的方法去管理自己的学习。

大学的学习既要求掌握比较深厚的基础理论和专业知识，还要求重视各种能力的培养，以及综合素质的提高。大学教育具有明显的职业定向性，要求大学生除了扎扎实实掌握理论知识外，还要培养研究和解决问题的能力。

因此，大学生在管理自己的学习过程中要特别注意对自学能力的培养，学会独立地支配学习时间。自觉地、主动地、生动活泼地学习，还要注意对思维能力、创造能力、组织管理能力、表达能力的培养，为将来适应社会打下良好的基础。

（一）在课堂与实践中学习

一个人一生有很多学习机会，然而从大的方面来说分为两种，即课堂学习和在实践中学习。不同的学习环境带给我们不一样的感受和收获。我们除了在课堂中学习理论知识以外，更多的是理论联系实践，理论指导实践。在实践中不断证明、理解、吸收在课堂中学到的东西。

1. 课堂学习

课堂学习是大学生获得专业知识，提高科学文化素质的主要途径之一。大学生必须适应大学课堂的学习，掌握大学课堂的学习策略，才能提高学习效率，早日成才。

（1）大学课堂学习的特点

大学课堂教学相对于中学来说，在学习任务、学习环境、学生管理方式、教学风格、教学方式等方面，都有很大的不同，而了解这些差别是搞好大学课堂学习的必要条件。

第一，学习的任务和内容不同。普通中学的学习任务是以升学为主要目的一般的基础性学科知识的学习，而大学的学习任务则是以就业为主要目的的专业性知识的学习。大学并没有取消基础性学科知识的学习，但是已完全不同于中小学的基础性知识的学习。大学在学习内容的深度和广度方面都远超中学，课程门类、教材内容和课堂信息量都有所加大。

许多课程的内容与现代科学发展的前沿阵地更加接近。中学对学生掌握知识的要求主要在对基础知识的理解和接受,即"学"上,即使强调运用也主要是学习前人和老师的"相同"的思维。大学对学生掌握知识的要求是在求同思维的基础上,更突出强调求异思维,强调对创造性思维方式和创新能力的培养。在"学"的同时,已经不同程度上包含有"研究"的内容和性质。

第二,学习的具体环境氛围不同。大学在教学的硬件设备上一般优于中学。例如,大学有藏书丰富的图书馆,设备先进的阅览室和各种实验室,有优越的食宿条件,特别是有知识密集、教学和科研能力较强、师生比例较高的教师群体,在某些专业方面还有知名度较高的学术带头人。同时,大学除课堂教学之外,还经常举办各种形式的学术报告、学术讲座、学术研讨会。大学还有专门反映教师和学生科研水平的学术刊物和反映校园教师和学生生活、工作、学习的校内报纸。在学生中还有许许多多的与学生专业直接或间接有关的各种各样的社团组织。所有这些都为大学生学习提供和创造了较好的学习条件和学习氛围。

第三,学生课堂任务加重。大学里所开设课程分公开课、基础课、专业基础课、专业课四个层次,每一个层次又由许多门课程综合而成。一般说来,大学生需要学习的课程在50门以上,每一学期学习的课程都不相同,内容量大,因而学习任务远比中学生重得多。大学课堂的讲授与中学课堂的讲授也有着明显的不同,对于习惯中学课堂教学的大学一年级学生来说一时难以适应。

大学老师不像中学老师那样受教材内容的严格限制。中学老师的讲课往往受高考或其他统考牵制;而大学老师在备课中,对教材内容的处理较为灵活,主动权更大。他们考虑更多的是学生学习的系统性,扎实的基础与分析问题、解决问题的能力,而不单单是学生的考分,所以,做笔记有利于自学能力的提高。

第四,学生的管理方式转变。中学的学生管理主要以教师为主,管理方式是班主任制,学生的各种活动大部分都是班主任亲自组织和参加,即使在学生的自习课上一般也有老师在旁边检查督促。而大学则主要转向学生自己管理自己,管理方式是辅导员制,学生与老师的接触相对减少,学生自主支配的时间大大增加,学生的大部分活动主要由班级组织和学生会组织,学生活动可以邀请有关教师参加。学生学习一般没有固定的教室,自习时可以随意选择教室或图书馆以及宿舍。

第五,教学方式转变为学生自主。大学教学方式同中学有以下几个区别:①中学主要以课堂教学为主,虽然老师有时也强调课堂预习,但给予学生自习和预习的时间较少。而大学在强调课堂教学的同时,更强调课前预习和课后复习,而且给予学生较多的自主学习时间。②学生的自主学习时间比中学要充裕得多。中学课堂教学教师严格按照教材内容和具体体系、思路讲授,信息量少,而且讲得精而细,学生主要依靠课堂消化理解掌握知识,课下学习也限于课堂讲授的内容。而大学教师可以完全不按教材内容和体系、思路讲授。教材上有的不一定讲,讲授的内容教材也不一定有。课堂信息量大,而且讲得少而精。学生完全依靠课堂消化理解掌握知识是不可能的,因此必须在课外时间上下大功夫。学生对一门课程的学习不仅限于课堂和教材的内容,还必须借助和查阅各种教学参考书。③中学开设的课程一般要求学生都必须学,没有或较少有选修课程。而大学有较多的公共选修课、限定选修课、专业选修课,学生有自主选择的权利。④中学生主要是单一的课堂教学方式。大学中,除了课堂教学之外,还经常组织学生参加较多的社会实践和专业实践,如社会调查、咨询活动、专业实习、毕业设计、撰写毕业论文等。

(2)大学课堂学习的环节

大学的学习是通过一连串互相联系的教学、学习环节来完成的。大学学习的基本环节包括预习、听讲、记笔记、课后温习、作业、答疑、复习、考试以及实验、实习和毕业设计等。而课堂学习的基本环节主要包括预习、听课、做笔记。每个新生在开始大学学习的时候一定要弄清每一个学习环节的作用、要求和特点,以便掌握各环节的学习方法,顺利地完成大学的学习任务。

第一,预习。预习是大学学习中的第一个环节,即课堂前的准备工作。大学的课堂教学内容相当丰富,教师的讲课也是提纲挈领式的、跳跃式的,对许多问题的分析、讲解都是点到为止。不可能像中学的教学,花费大量时间去反复论证一个定理或公式,然后再做大量的习题去消化理解。大学教学更重视快速的逻辑思维。因此学生要通过预习,发现课程重点和难点,了解课程的前后关系及内在联系,做到心中有数,掌握听课的主动权,从而事半功倍。如果对教师所讲的内容十分生疏,思路和逻辑思维跟不上教师的讲解,就不容易全面掌握知识的重点、难点和相互关系。一个会学习的学生应该能针对自己的实际情况,做好充分的学习准备,这样听起课来就有主动权,能全面掌握所学的知识。

第二,听课。听课是学生学习最主要、最重要的一个环节,它是各个环节的中心。教师所讲授的内容主要是通过学生的听讲传授给学生的,听课是教与学交流的主要渠道。中学教师的教学往往用几节课的时间讲解相同的定理或理论,而且内容也是教科书上有的内容。大学教师的讲课只是讲解课本上一些最基本的概念、理论,教科书上的内容,教师不一定讲,或不一定完全讲,而且经常将学科发展的最新理论和观点贯穿到教学中去,不注意听讲,往往就会挂一漏万。

大学教师的教学一般都有自己的教学方法,他们往往将知识重新组织,搜集大量课外资料,总结以往的教学经验,提出最新的学术观点,丰富了教学内容。如果学生没有牢牢抓住听讲这个学习环节,忽视了教师在课堂上传递的大量信息,就失去了获取知识的最好机会。这些知识、经验和观点仅凭学生自己去搜集总结是难以做到的。因此,大学生应该重视听课这个环节。

第三,记笔记。记笔记也是课堂听讲的一个方面。记笔记不仅可以记录教师讲解的主要内容、逻辑关系以及重点、难点和补充内容,而且通过记笔记,可以将教师所讲的知识进一步理解、消化,变成自己的知识。由于教师讲课并不是严格按照教科书上的内容进行讲授,还有许多补充内容,这些补充内容往往是对知识的重新组织。新观点的阐述、难点的解释等,都是讲授中的重要内容,必须通过笔记记录下来。从实质上来讲,在听讲时记笔记,眼、手、脑一起开动,加快了对知识的理解、消化和吸收,掌握了听讲的主动权,并且有效地防止自己上课"走神",使自己能集中精力跟上教师的讲解,取得良好的效果。当然,笔记并不是教师讲课内容的简单重复和记录,它应该包括自己的理解、提炼和加工,使教师讲授的内容变为自己的知识,便于今后的复习。

课堂笔记的内容包括以下几方面:

①记录老师的思路和方法。思路一般反映老师分析问题、推导结论的思考线路。记录下教师的思路,可以启发我们的思维,提高我们分析问题、解决问题的能力。对于工科学生来说,老师在讲解例题时,常常会讲解题的技巧、思路和方法。我们应将这些内容记录下来,并根据所记录的方法进行理解、复习。

②记录老师的板书或提纲。一般说来,课堂板书就是课堂学习内容的纲目,这些纲目是主讲老师在钻研教材内容的基础上总结出来的,反映了授课内容的知识结构和要点。它有助于学生理解、掌握、复习课程内容,构建课程的知识体系,所以,我们不妨完整地记录下来。

③记录重点和难点。课堂上时间有限,老师的讲课速度又快,要想在课堂上将老师的授课内容全部记录下来,几乎是不可能的,因此应该有选择地记录老师所讲的重要理论、观点和内容,以及某些精彩的、有特点的语言和观点。对一些一时难以记下的东西,要摘记老师讲课的要点和记录关键词,然后课后补齐。

④记录补充内容。大学老师在讲课时,除了讲述教材中的内容外,常常还会做些适当的补充。这些补充的内容融入了老师的见解和研究成果,对于帮助同学们更好地理解教材内容,启迪思路,开阔视野,是十分有用的。所以,在熟悉教材的基础上,要把老师补充的内容及时地记录下来。听课时,在老师的启发和指引下,学生有时可能会突发奇想,将两个以前认为不相关的观念串在一起,忽然悟出平日百思不得其解的道理,或者对老师讲解的内容有新的想法和心得。同学们也不妨将这些思想的火花记录下来,以便课后复习、理解、整理甚至进行新的创造。此外,在听课时,对有疑惑的地方,也要在笔记本上记录下来,以便请教老师和同学。

第四,复习。复习是学习过程中的一个重要环节,是对已经学过的知识的一次再学习,它是巩固和深化所学知识的一种有效手段,使已经获得的知识系统化,形成合理的知识结构,它对强化记忆能力,提高学习效率有重要意义。

大学学习与中学学习的一个明显差别,就是大学里所学的知识成倍增长,一个学期开六七门课程,教材内容加起来有两三千页,这么多的内容只凭按部就班地学是很难掌握的。不善于复习巩固和记忆的人,常感到越学越多,越学越乱,越学越被动。如能在学习过程中,经常进行复习,不断地总结归纳所学内容,把学过的东西整理一下,把有关概念、思想、原理和分析方法条理化、系统化,这样就可以做到书越学越厚,越读越薄,抓住了所学内容的精华和各部分内容之间的内在联系，就会融会贯通，应用起来得心应手。

2. 走进实验室

受传统教育观念的影响，我国在教学中注重学生的解题能力，培养的学生“高分低能”，学生在动手方面的能力，与西方国家相比存在着明显的差距。动手能力的培养就是要培养学生实验的能力，从实验目的出发，选择合适的器材，设计合理的实验方案，从实验的结果得到合理的结论。这都是培养学生动手及创新能力的基础。

大学里有大量的实验室，有先进的实验设备，有系统的实验教学计划，详细的实验教学大纲，有充足的独立操作的机会，并且很多实验室还是全天开放的，大学生千万不要错过这么好的机会。

大学的实践教学环节主要包括课程实验、课程设计、教学实习、毕业实习、毕业设计（论文）等内容。走进实验室，对大学生成长成才，将理论用于实践，提高分析问题、解决问题和动手能力具有非常重要的、积极的作用。那么，我们应该以一种怎样的态度、怎样的行动，走进实验室呢？

做实验前要进行充分的预习，仔细阅读《实验指导书》，领会实验目的，掌握实验原理，明确实验步骤、方法及注意事项，并提出疑难问题。对于综合性和设计性实验项目，事先还要亲自设计实验方案，分析实验难点。总之，不打无准备之仗，否则，走进实验室就只是去点个卯，毫无收获可言。实验开始时，要检查实验仪器和用具是否齐备，仪表量程是否合适，接线是否正确等。多人实验时可以有分工，但每人都有机会操作一遍，不要懒于动手。

实验过程中要带着问题积极思考，对实验现象要仔细观察，对出现的问题要独立分析、独立解决，不要事无巨细都要看别人、问老师，实在“百思不得其解”的，可以请老师提示后自己再动手解决。只要明白了其中的道理，再加上勤于动手，就一定会在实验中有所收获，也才能真正体会到自己的设想、构思被实现，理论被验证后的愉悦。

实验完成之后要认真整理和总结实验记录，分析实验数据，检查疑难问题是否全都解决了，还有些什么问题尚待解决，有些什么收获，最后按要求写出实验报告。

（二）在实践中学习，在竞赛中检验

人总要在实践中不断进步，不断提高，只有一次次不断地实践，我们才能一次次地进步，而竞赛是检验这种进步的重要方式。

竞赛是在一定的规则下的竞技活动，如今的竞赛活动已涉及各个领域，无论是奥运会，还是当下流行的“美国偶像”“超女”“快男”等选秀节目，其实都是一种竞赛。所谓“无规矩不成方圆”，那么，就需要制定一定的规则和制度，让所有人在这个规则和制度中一决雌雄，也只有通过这样的竞赛，才能让所有人都心服口服。

每个同学都有自己的天赋和特长，怎样利用并发展好自己的优势，而不做“江郎”呢？我们可以选择在大学里参加适合自己的学科竞赛，大学校园里的科技竞赛活动，就是一个知识应用与技术创新的科技实践活动，在竞赛的过程中你可以经历一个创新项目的构思、设计、

组装、运行、实现、检验的全过程，你可以体验一支团队协作的集体智慧和力量，你可以体验一次队与队之间竞争的跌宕起伏，同时也可以证明自己运用知识解决问题的能力和水平，所以，参加科技竞赛是不断锻炼自我、证明自我、完善自我的最好的实践过程。

在这里给大家列出目前在大学里主要的竞赛种类，如表 7.1 所示。

表 7.1　全国性大学生科技、文化竞赛活动一览表

竞赛类型	竞赛种类
综合类学科竞赛	"挑战杯"中国大学生创业计划竞赛 "挑战杯"全国大学生课外学术科技作品竞赛 全国大学生英语竞赛 全国大学院校学生创意实作竞赛 "CCTV 杯"全国英语演讲大赛
理科专业竞赛	全国大学生数字建模竞赛 全国大学生力学竞赛 大学生程序设计大赛 全国大学生结构设计大赛 大学生机电产品创新设计竞赛 全国大学生电子设计竞赛 全国大学生过程控制仿真挑战赛 全国大学生电工数字建模竞赛 全国大学生机器人大赛 ACM 国际编程大赛 SCILAB 自由软件编程竞赛
文科专业竞赛	全国大学生电子商务竞赛 中国大学生公共关系策划大赛 全国大学生营销大赛 全国大学生 ERP 沙盘比赛 全国大学生电子创新大赛 全国大学生广告策划比赛 国际商事仲裁模拟法庭辩论赛

续表

竞赛类型	竞赛种类
课余生活竞赛	全国大学生DV影像艺术竞赛 全国大学生街舞挑战赛 全国大学生智能汽车邀请赛 大学生多媒体作品设计大赛 中国大学生数码媒体艺术大赛 中国大学生在线暑假影像大赛 全国大学生歌唱比赛

(三)向社会学习

大学的学习形式明显多于中学。中学的学习形式较简单,主要通过课堂学习来获取知识。而大学的学习形式则丰富多彩,除了课堂学习外,还可通过实验课、学术讲座、科研活动、互联网、大学生社团活动、社会实践活动、课程设计、毕业设计等形式获取知识,提升能力。

社会是个大舞台,是世界上一所没有围墙的最大的"大学",一方面同学们可以通过参与社会实践获得丰富的知识,锻炼自己的能力;另一方面,同学们上大学的目的就是用所学服务社会、贡献社会,所以,大学生应该积极地投身到社会实践中,向社会学习。

参与社会实践活动是主动式、参与式、体验式学习的方法之一,它对形成和完善大学生的知识能力结构,提高大学生的综合素质起到了很好的作用。

参加第二课堂学习、大学生社团活动和社会实践活动,也是学习的极好形式,对培养大学生的组织管理能力、社交能力、语言表达能力和专业技能,起到了积极的促进和完善作用。例如,参加校园里的业余党校、大学生艺术团、校园广播电视台及篮球、足球等各种运动会的活动,积极参加科技、文化、卫生"三下乡"及社会调查等活动,对培养和教育大学生,使他们树立正确的人生观、世界观,开阔视野,拓宽知识,陶冶情操,提高他们的文化素质和身体素质,学会专项技能,培养业余爱好和特长,起到了很好的帮助作用。

(四)用网络学习

伴随着科学技术的不断发展和进步,我们已步入了一个全新的社会——信息社会,而支撑信息社会的重要的基础设施就是计算机网络,可以这样说,计算机网络已深刻地、全面地改变了我们的学习、生活和工作方式。

大学作为人才培养和知识创新的基地,最先走上网络建设的潮流,成为全世界信息化程度最高的团体。目前,通过网络学习,大学生不仅能改进自己的学习方法,拓宽自己的知识面,提高自己的学习能力和效率,而且还能提高自身的综合素质,使自己成为现代化建设需要的掌握多方面知识、技能的高素质人才。

互联网为大学生带来了开放共享的意识，全球化的眼光，全新的学习理念，广阔的生活和交往空间，以及拓展创新素质的培养平台，但与此同时，也给大学生带来了不容忽视的负面影响，应引起足够重视并尽量避免不良因素。在网络环境下的当代大学生，要加强对网络信息的甄别，比较、选择能力的培养，提高在复杂的信息环境中进行独立思考与分析，去粗取精、去伪求真的方法与能力。只有这样，才能在网络环境下不迷失方向，健康成长。

（五）向成功人士学习

大学生在学习过程中，要学会学人之长。“三人行，必有我师”这句古训在读小学的时候就知道了，其实学人之长是一个简捷、容易进步的方法，尤其是向成功人士学习，用不着自己去苦思冥想，也用不着孜孜不倦地去追求，并且还能在他人之长的基础上改进，成为一种更完美的长处。大学生在学习管理的过程中可以关注一些成功人士的案例并从中获得启发，去学习成功人士的优良品格。在这里为大家提供一些成功人士具备的共同特点供同学们参考学习。

案例8

美国一位专家向1 000名美国最成功的人物访问调查，结果发现凡是能登峰造极的人，通常具有以下12个共同特点：

（1）成功的人热爱他们的工作。

因为这些人正享受着一生中前所未有的快乐：他们在工作时完全投入，似乎阻挡了其他任何事情的干扰。

（2）他们有积极的态度与十足的信心。

成功的人似乎永远不怀疑他们一定可以获得成功。一旦目标达到后，更加增强了他们的自信心。

（3）他们善于利用反面经验培养实力。

有的父母在生活中经常彼此大吼大叫，而他却学会了从这种情况中找寻幽默，然后加以发挥。

（4）他们是果断的、训练有素的目标制定者。

大多数成功者对生活的需求有明确的观念，他们会选择有利的捷径去追求目标。

（5）他们有完整的人格，愿意帮助他人成功。

一位企业家说：不管作任何交易，他都小心翼翼对待对方，崇尚公平原则，使对方感到快乐。这是成功的基本要素。

（6）他们有坚韧不拔的毅力。

任何困难都不能将他们打倒，而是以百倍的勇气和耐心顽强地继续下去，并积极改善条件，直到获得成功为止。

(7)他们有冒险精神。

成功的人犯了错误,不过耸耸肩膀,又继续奋斗下去。

(8)他们已经培养了良好的沟通与解决问题的技巧。

许多人遇到问题时会主动征求他人的意见。

(9)他们团结着一批负责、能干和有支持力的人。

一个人不管他多么聪明或富有创造力,在他身边一定要有一批他能信赖的人。

(10)他们有健康的身体、充沛的精力,并能安排时间重振精神。

这种重振精神的做法,对他们非常重要,所以成功者往往会妥善安排时间从事活动或休息,保持旺盛的精力与进取心。

(11)他们认为信念是一种更强大的力量,他们并不因自己的成功而不可一世。

(12)他们有目标感与社会的奉献感。

本章小结

学习管理强调的是大学生自主安排学习的过程,它是指大学生自主地对与其事业(职业)目标相关的学习所进行的安排、筹划并付诸行动以实现学习目标(提升综合素质适应社会需求)的过程。具体来讲,是指大学生通过对自身特点(性格特点、能力特点)和社会未来需要的深入分析和正确认识,确定自己的事业(职业)目标,进而确定学习目标,然后结合自己的实际情况(经济条件、工作生活现状、家庭情况等)制订学习计划,在实施学习计划的过程中进行自我约束、自我管理与调控以完成自己的学习目标。换言之,就是大学生通过解决学什么、怎么学、什么时候学等问题,以确保自身顺利完成学业,为成功实现就业或开创事业打好基础。

大学生在学习的过程中是通过对思想道德素质、人文素养、智力水平、心理素质、身体素质进行管理来提升自己的综合素质以适应当今社会的变化。学习管理的最终目的是引导、督促学生完成学习目标,提升综合素质,使自己成功社会化。

有效的学习管理需要大学生养成良好的学习习惯,良好的学习习惯主要体现在拥有自主学习意识、创新学习的精神、全面学习的观念以及能够做到学以致用、知行合一。

有效的学习管理需要大学生采取有效的途径并配合一定的方法去实现。大学学习的方法主要有:在课堂与实践中学习;在实践中学习,在竞赛中检验;向社会学习;用网络学习;向成功人士学习。

第八章　行动力管理

［学习目标］

1. 理解行动力内涵及其层级。
2. 了解行动力强的人格特征。
3. 了解常见行动力及其成因。
4. 了解性格、兴趣、能力和价值观对职业选择的影响。

天下事有难易乎？为之，则难者亦易矣；不为，则易者亦难矣。

——彭端淑

［导入］

行动力的“行”，《说文》解为：“人之步趋也，从彳从亍”，原为走路的意思，后引申为行动，实际地做或实践的意思。传统儒家非常重“行”，从孔子的“力行近乎仁”，到孟子的“由仁义行”，再到荀子的“不行不至”“不为不成”，强调个体的真生命乃寄于身体力行之中，很多人不是缺少成功的思想和头脑，而是缺少行动，缺少严格的行动，科学的行动，有效的行动。有人制订科学详尽的计划，却迟迟不见动静，很多奇思妙想，因为缺少行动，最终成为空中楼阁，令人扼腕。缺乏行动力，会造成工作费力，竞争无力，断送活力；没有行动力，个体就缺乏竞争力，缺乏竞争力，就没有发展力，很难实现人生梦想。

第一节　行动力概述

一、行动力内涵

所谓的“行动力”，百度百科将其界定为策划战略意图，具备超强的自制力，同时能够突破自己，实现自己想做而不敢去做，或者自己认为自己能力不足的事，制订计划就下定决心一定要去实现。对个人而言，它是自制力；对团队而言，它是领导力。“MBA 智库百科”则将其定义为愿意不断地学习、思考，养成习惯和动机，进而获得导致成功结果的行为能力。黄文浩认为，行动力是指激发、维持个体指向某种目标而活动的一种驱动力，主要表现为机会的把握力和行动的持久力。所谓机会的把握力，是指个体能迅速把握机会，利用机会达成人生目标的能力;所谓行动持久力,也就是维持个体指向性目标行动的外在表现力。

综合以上三种定义,我们可以从三个方面把握行动力的内涵:一是行动力具有意图性和目标性;二是行动力具有活动性和操作性;三是行动力具有坚忍性和持久性。行动力强的人有目标且有计划,行动快却不盲动,果断而有毅力。可以说,行动力是尽快地将理想变为现实,解决实际问题,提高自我效能感,体现生命价值的重要能力。一个人的能力系统由多个要素构成,包括观察力、记忆力、想象力、推理力、决策力、模仿力、创造力以及行动力。墨子说"志行,为也",也就是说意志只有付诸行动,才会有所作为。马克思在《哥达纲领批判》中指出:一步实际行动比一打纲领更重要。具有较好行动力的人能够将设想、蓝图付诸具体实践,能主动面对工作任务,积极寻求解决问题的办法,以自己的行动推动工作进展,不怕困难和挫折,并敢于承担责任和行动后果。没有行动力,无论多么完美的梦想,都只能停留在虚幻的意识层面中。

二、行动力指数

行动力指数是衡量个体达成目标的行动能力的重要指标,是对人生蓝图制订能力,年度、月度和周目标进行分解能力以及每日任务的执行能力进行综合评价后得出的分值。行动力指数由低到高分为四个层级:

(一)入门级

个体有想法,但工作主动性差,害怕冒险,惧怕工作中所面对的困难与挫折;容易受惰性和不良风气的影响,对自己没有自信;奋斗目标不坚定,缺少行动动力。

(二)初级

个体敢于主动请战,承担相应的工作与职责;敢于用"尝试"的方法解决问题,不惧怕困难与挫折,对自己比较自信;树立了相当明确的目标,并开始尝试为之努力。

(三)中级

个体敢于打破固有模式,敢于用新办法、新思路对原有工作创新和解决问题;敢于立即采取行动,不怕失败打击;对于上级安排的工作总能按时或者提前完成;积极应对工作压力,在工作中不怕困难与挫折,敢于不断尝试;已经能有效运用行动工具,掌握一定实现目标的具体方法。

(四)高级

个体具有强烈的企业家冒险精神,非常愿意通过不断尝试创造从无到有的结构;面对过程中的困难与挫折毫不畏惧,坚持走自己的路,有足够的行动力实现目标、管理目标。

小测试

测一测你的行动力

根据自己的实际情况,快速回答以下20个问题,是打"√",否打"×"。

1. 你喜欢忙忙碌碌的生活吗？（　　）
2. 你会对塞车感到不耐烦吗？（　　）
3. 你一直在更换工作吗？（　　）
4. 你无法忍受空闲的情况吗？（　　）
5. 凡事你喜欢参与，而不喜欢旁观吗？（　　）
6. 如果等电梯的人太多时，你宁愿爬楼梯吗？（　　）
7. 别人曾经抱怨你说话做事动作太快吗？（　　）
8. 即使在周末，你也一样早起吗？（　　）
9. 你总是对新的工作计划表现平平吗？（　　）
10. 你喜欢行动胜过计划吗？（　　）
11. 你喜欢组织群众吗？（　　）
12. 你花许多时间来思考吗？（　　）
13. 你曾经臆想“人来自何处”和“人要往何处去”吗？（　　）
14. 你喜欢做填字游戏吗？（　　）
15. 你喜欢参观博物馆和画廊吗？（　　）
16. 你喜欢有建设性的聊天吗？（　　）
17. 你习惯一步迈两级楼梯吗？（　　）
18. 在同样的时间内，你常比别人完成较多的事情吗？（　　）
19. 度假的时候，你喜欢刺激热闹胜过悠闲安静吗？（　　）
20. 整天无事可做时，你会觉得无聊吗？（　　）

计分方法：

各题答“是”的得1分，答“否”的得0分。

行动力测评结果解释：

12～20分，你是个标准的行动者。凡事你不会光说不做，尤其喜欢忙忙碌碌地过日子；你喜欢主动参与，计划永远排得满满的，越忙越有劲。

6～11分，你是个介于行动者和空想家之间的人。你喜欢过得忙碌，但不反对偶尔静下来思考一番。因此，像你这样的人，更容易适应各种环境。

5分以下，你是个标准的梦想家。你宁愿一个人抱着一本书或胡思乱想。虽然你也喜欢有人做伴、与人聊天，但是你很懂得享受独处的乐趣。

三、行动力强的人格特征

（一）主动性

主动领受工作任务，积极和上级、同事及下级商讨工作任务中的难点、问题，寻求解决办法与对策。

(二)推动力

在面对工作任务时,倾向于立即采取行动,并以自己的行动带动工作的进展。

(三)冒险性

更倾向于用“尝试”的方式解决问题,愿意在“做”的过程中发现问题、解决问题;不怕困难和挫折,勇于承担责任和行动后果。

(四)自信与坚持

相信自己能将工作做好,有能力解决工作中遇到的困难,具备较坚忍的意志力。

四、常见的行动力缺失

(一)启动迟滞

在工作、学习和生活中,不少青年有着种种美好的设想,也希望通过实际行动来达到目的,但事实上,他们往往会行动迟滞,做事缺乏紧迫感;或低估工作所需时间,认为自己只需要很短的时间就可以完成任务;或者没有分清主次,常常被纷乱的琐事所扰,分不清当前任务和今后任务、紧急任务和非紧急任务;或者认为条件和时机还没有到来,为了使结局更完美,只能等待;或者对自己的能力产生怀疑,认为自己必须在他人的帮助和督促下才能完成任务;或者由于拖延得太久,错过了最佳时机,等到再想起来做时又产生了一种“是不是为时已晚”的疑虑。这些青年徒有改变现实的美好愿望,但是由于行动力差,因而在消极等待中逐渐地失去了对目标的追求。

(二)中途放弃

有的人在完成任务的过程中一旦遇到挫折和困难,就立刻产生畏难情绪,不能积极动脑解决问题,总想绕开问题;有的人认为实现最终目标的路很漫长,怀疑自己的选择是否正确;有的人无法专注做一件事情,比如在撰写学生活动策划时停下来刷刷微博,发发微信;有的青年虽然对实现目标后的结果感兴趣,但是对完成任务的过程并不感兴趣,比如,很想通过某项考试获得相应的资格证书来证明自己的能力,但是对考试科目的内容一知半解,同时缺乏足够的意志力来坚持学习。在这样的情况下,他们很容易中途放弃自己所希望完成的任务。

(三)避重就轻

有的人在完成任务时,对要做的事情没有合理的排序,该做的事情不做,而去做其他的事,譬如,需要写一篇论文,但是迟迟不去做文献查阅,而是去做诸如清理宿舍、处理邮件等无关的工作。有的人往往热衷于做一些能够立刻给自己带来满足感的事情,虽然这些事情很容易完成,但是与任务目标没有多大关联。有的人喜欢把小事做得十分完美,比如,用于工作汇报的幻灯片演示文稿的图表、图像、声音等都样样做得精致,而实际上根本不需要这样。这些人表面上看似乎是在拼命工作,但实际上仍是在浪费时间。他们之所以要做许多无关的琐事,实际上是在为自己的逃避寻找合适的理由:自己太忙了,不是不做事,而是任务实在太多，还没有轮到做重要的事情。这种现象可以称为“逃避反应”，是以做可有可无的无聊事情的方式去逃避做应该做和必须做的事情，来达到对焦虑的暂时屏蔽，获得替代中的安慰和心理平衡。这正如美国作家、哲学家亨利·戴维·梭罗所说：“在人类的所谓游戏与消遣底下，甚至都隐藏着一种凝固的、不知又不觉的绝望。”这里的“游戏与消遣”是对完成现实中刚性任务的逃避，而“绝望”可以理解为对追求目标的绝望，对自身能力的失望。

五、行动力缺失的成因分析

(一)缺乏目标或目标确立不合理

目标指想要达到的境界或目的，在实际生活中，它是个人、部门或整个组织所期望的成果，也是行为的导向。人们的行为总是为了实现某种目标，目标的实现使人的需要得到满足，也使心理的紧张不安得到消除，从而结束一个行为过程。目标的实现既是行为的结果，又是满足需要的条件。哈佛大学有一个非常著名的关于目标对人生影响的跟踪调查，调查对象是一群智力、学历、环境等条件都差不多的年轻人。调查发现，27%的人没有目标，60%的人目标模糊，10%的人有清晰但比较短期的目标，只有3%的人有清晰且长期的目标。25年后的跟踪研究发现，那些占3%的人25年来几乎都不曾更改过自己的人生目标，他们都朝着同一个方向不懈地努力，25年后他们几乎都成了社会各界的顶尖成功人士，他们中不乏白手创业者、行业精英和社会中坚；那些占10%的有清晰短期目标者，大都生活在社会的中上层，他们的共同特点是短期目标不断被达成，生活状态稳步上升，成为各行各业不可或缺的专业人士，如医生、律师、工程师、高级主管等；那些占60%的目标模糊者，几乎都生活在社会的中下层，他们能安稳地生活与工作，但都没有什么特别的成绩；那些占27%的没有目标的人群，几乎都生活在社会的最底层，他们过得很不如意，常常失业，靠社会救济生活，并且常常都在抱怨他人、抱怨社会、抱怨世界。调查者因此得出结论：目标对人生有巨大的导向性作用。然而，在现实生活中，许多人缺少目标的设定，如同射箭没有靶心一样，即使射击能力很强，却缺乏方向感。还有的人，其目标确立不合理，要么好高骛远，脱离实际；要么目标太低，没有挑战性，从而大大降低了自己的焦虑水平，缺乏积极性，导致行动迟滞。

(二)缺少对目标的分解

有的人谈论理想时头头是道，他们的理想看上去很美，但是缺少对目标的分解，也没有任何具体的实施方案，只是笼统的、抽象的设想，因而导致行动没有出发点，无法清晰把握自己的当前行动方向，无法考量自己现阶段的工作状态与总体目标的达成是否保持一致，无从体验成功的喜悦，也无法评判自己的工作效率高低，是否需要对目标进行局部调整，等等。由于找不到现实通向理想的路径，不知通过什么方式和渠道，经过哪些环节来实现理想，因此往往实施起来无从下手，行动懈怠、延宕、放任，久而久之，只能哀叹实现理想的路太遥远、太艰难，从而放弃行动。

(三)主动性差

所谓主动性,是指人在完成某项活动的过程中,按照自己规定或设置的目标行动,而不依赖外力推动的行为品质。主动性是由个体的需要、动机、理想、抱负和价值观等决定的。一般来说,工作主动性分为四个层次:第一层次是无须他人提醒,便能积极出色地完成自己的各项工作;第二层次是上级安排任务后,才去做安排的工作,上级不安排就不知道去做;第三层次是上级安排任务后,经多次督促,才迫于形势去做;第四层次是上级安排任务后,告诉他怎么做,并且盯着他才去做。主动性差的人成就动机低下,一般不会为了取得较好成就、达到既定目标而积极努力,惧怕冒险与挑战,容易受惰性和不良风气的影响,目光向下看,缺少行动力。

(四)知识技能储备不足

在知识经济社会,知识总量的翻番周期已从过去的 100 年、50 年、20 年、10 年缩短到 3 ~5 年,人们原有的知识面临着老化和淘汰,需要及时补充新知识,才能适应时代的发展。然而,与这一趋势背道而驰的是,有人对于智性或知识表示反对或怀疑,认为智性或知识对于人生有害而无益,有些人因此对知识和技能的重要性认识不足,不重视及时充电,对学习产生倦怠。由于知识和技能储备不足,他们无法应对难度大、复杂程度高的各项任务,无法解决工作中的各种难题。与此同时,许多人所从事的职业与原先在高校学习的专业常常不对口,造成了"所掌握的知识"与"所运用的知识"相分离的现象。面对这一现状,有的人只知抱怨,或放任自己,从不调整自己,不去学习新领域、新行业的知识,不去缩短自己的知识结构与职业需求的差距,当新的机遇和挑战来临之际,他们只能有心无力,望洋兴叹。

(五)外部评价缺失

个体的行动力缺失还与他们所处的外部环境中缺乏评价有关。评价意味着约束和监督,意味着考核和甄别,任何有效的管理都离不开科学的评价。评价是依据一定的评价标准,通过系统地收集有关信息,对完成任务的计划、实施、结果等有关问题作出价值判断并寻求改进途径的一种活动,它包括对工作主体、工作内容、工作过程、工作结果的价值判断。评价是多向度的,既有对当前产生影响的判断,也有对未来有长远影响的评价。因此,评价不仅指向现在,也着眼于未来;既是对当前工作的总结,也是对未来工作的提前考量,是进一步优化未来工作的根据。但在现实中,有的组织由于对评价的意义认识不够,存在着不重视评价的现象。有的部门只重视形式,满足于完成常规性的工作,不重视工作效果,工作结束后也不作任何评价;有的虽有评价,但却流于表面,对每一位员工的工作情况评价泛而不切,也没有把评价结果作为确定员工职位级别和薪酬分配的依据,作为员工确定其职业发展和晋升路径的参照系,导致部分人常处在一种游离于具体工作任务之外的状态,即出工不出力,隐性脱岗,隐性旷工。

(六)早期行动习惯培养缺失

个体的行动力缺失还与他们在成长早期缺乏行动习惯培养有关。心理学家认为,习惯是由于重复或练习而巩固下来并变成需要的行为方式。可以说,一个人如果从小养成了良好的行动习惯,行动就会有目的性,就容易提高做事的效率,能够及时解决问题。而在现实中,有些家长在教育子女时往往只重视其学习兴趣、卫生习惯等方面的培养,没有把及时行动、有效监督自己的行动作为培养的内容,导致子女从小做事拖拉,一遇挫折就退缩,而家长却往往认为这是孩子"性子慢""做事稳当"的表现,没有予以足够的重视。这样的状况一旦形成稳定的行为方式,很容易导致个体在踏入工作岗位后延续以往的做法。

第二节 行动力提升

案例1

知道不等于做到

在一次中国企业高峰论坛上,一位中国企业家向全球第一CEO杰克·韦尔奇提问:"我们知道的都差不多,为什么我们与你们的差距却那么大?"杰克·韦尔奇一字一句地回答说:"你们知道了,但我们做到了。"

世界上最远的距离在于知与行之间,只要能把这个距离拉近,就会由普通人变成卓越者。然而距离拉近的关键在于行动力。那么如何培养和提高行动力呢?

一、培养行动力的关键

(一)主动出击

提升行动力,就要主动出击,形成主动意识。主动意识就是没有人要你去做什么,你就会自动自发地去做好。那些积极主动的人,不管在哪一行都很吃香,而且能晋升很快。

一家制药公司研究主任的例子,正好可以说明主动的作用有多大。"四年前我忽然有一个想法。"他说,"当时我的职位偏重于宣传工作,负责联络药品批发商。关于客户的资料一直很少,但这正是我们迫切需要的东西。我跟同事谈起想做市场调查的想法时,他们嗤之以鼻。""我实在太喜欢这个构想了,因此直接向老板毛遂自荐,老板最终没拒绝我的要求。我每个月都要交一份'药品行销事宜'报告,尽量搜集相关的资料。后来,几位同事也热心起来。一年以后,公司认识到了它的重要性,要我放下原先的工作,专门负责这件事。"

其实我们很多的灵感就是在别人的不屑一顾和疑虑中不了了之的。只要我们能够排除这些外界的干扰,立即行动,也许就会别有洞天。生活就像一盘棋赛,一旦我们犹豫不决,就将被淘汰出局。只有积极果断、坚决行动,才有获胜的可能。历史上的一些优秀领袖人物,他们最大的优点就是主动去做。他们知道自己做这件事的意义,于是便不理会别人的眼光和话语,而去创造自己想要的结果。

(二)树立目标

改变自己浑浑噩噩的状态,认识到社会竞争的残酷性,做好个人的职业生涯规划,制订阶段化的目标和切实可行的计划,并严格要求自己,提高自己的工作能力和执行力。通过目标的牵引和危机感的推促,改变自己麻木不仁、安于现状、裹足不前的危险状态。

目标的十大作用:
1. 目标能让我们产生积极的心态。
2. 目标使你看清使命,产生动力。
3. 目标使我们活得有意义,能体现价值。
4. 目标能让我们以结果为导向,从过程转到结果。
5. 目标能帮助我们找到轻重缓急,找到解决问题的办法。
6. 目标能够使我们集中精力,把握现在。
7. 目标能够提高我们的激情,有助于评估进展。
8. 目标能够使我们自我完善,永不停步。
9. 目标能够使我们产生勇气、信心与胆量。
10. 目标能使我们成为一个成功的人。

(三)磨炼意志

曾仕强说,“我们要了解,一个人如果没有做大事的打算就算了,既然要做大事,就要面对困难和挫折。挫折越严重,你就越知道自己是要做大事的人,这样激励自己才能成功”。因此,遇到困难或挫折,要有“啃下硬骨头”的勇气和决心,绝不轻易放弃!

(四)充分准备

亨利·福特有一句名言:“作好准备,是成功的首要秘诀。”

充分准备,对于任何行动来说无疑是必需的。只有大弓拉满月,最后才能射出势大力沉之箭。准备充分才能把握机遇。

机遇只垂青有准备的人,只有对行动目标作好充分准备的人,才能在关键时刻顶上去,甚至崭露头角。一般而言,我们在行动之前需要作这些准备:

①知识技能准备。知识作为人类智慧的结晶,可以最大限度地满足个体的学习需求,让人习得科学的思维方式,获得巨大的心理能量。同样地,技能作为经过练习、实验、实践活动而巩固起来的活动方式,往往可以让人有效地解决现实社会中的许多难题,让人体会到成功的喜悦。对于青年来说,无论自己所学的专业知识与当前从事的职业是否对口,都应该努力学习,终身学习,不断掌握新的信息,完成新旧知识的重组和连接。如果具备了知识和技能构成的核心竞争力,就会对外部世界有良好的掌控感。

②思想准备。做任何事情,如果有了思想上的准备,就已经有了一个好的心态开始。

③信息准备。古人云“知己知彼,百战不殆”。应对复杂环境和问题,需要我们对环境和问题有一个基本的掌握和了解。

④能力准备。要使自己始终立于不败之地,就必须具备相当的专业知识和技能,宽广的

视野和掌控局面的综合能力。

⑤人脉准备。一个篱笆三个桩，一个好汉三个帮。很多时候，一个人单枪匹马很难成事。

(五)持续关注

歌德有句名言："一个人不能同时骑两匹马，骑上这匹，就要丢掉那匹。聪明人会把凡是分散精力的要求置之度外，只专心致志地去学一门——学一门就要把它学好。"

"持续专注"，就是把行动力坚持和专注在主要目标和主要行动上，这包括两个方面：

①对于主要的目标专心致志，并且敢于在困境中坚持，善于在顺境中专注。

②对于次要的、不必要的行动目标和事务，果断地放弃。

这同样也是经营企业的智慧，对于许多企业来说，解决财务危机的方法就是专注那些能够盈利的核心项目，关闭亏钱的项目。而在企业发展顺利之时，也同样需要避免在无关紧要的业务上四面出击，而要把主要精力专注于核心项目上。

人生开放，是要有多元爱好，做多元事，成多元才，但是人也只有两只手，一天只有24小时。一个人能同时把握的事情实在太有限，所以在具体行动中，这些开放型成功者从不三心二意，并且善于分清主次急缓，能够持续专注于最重要的目标、最有效能的事务。

谷歌中国总裁李开复说："我学到的一个很大教训是，当一个公司开始不能专注主业，太贪心地扩张很多业务的时候，反而把他宝贵的东西稀释了，也就是经理人的注意力。也许CEO都很能干，但他每天要把60%，70%的精力都花费在理解那些自己不熟悉的新业务上的时候，反而只会把他的主业给荒废了。"

(六)注意关键细节

案例2

英国渣打银行投资银行部中国区首席执行官成长青，是个注意细节的人，这一习惯也曾助他躲过许多"江湖险恶"。

1999年5月，任职美国第一芝加哥银行的成长青去广东出差，正好遇到了当时广东信托投资公司总经理。双方曾有过业务往来，在饭桌上，这位老总请求成长青尽快贷出那已经有签约意向的两千万资金。细心的成长青听出这位老总说话底气不足，心中不免陡生疑惑：那位老总平常讲话牛哄哄的，今天怎么突然不牛了？而且贷款谈判，砍价总是难免的，这次怎么不讨价还价了？由于这个细节，成长青认为这家企业一定有什么财务危机，他决定把这个本来快要签约的项目搁置，先进行深入调查。随后，1999年10月，广东信托投资公司被监管，正式宣布破产。细数下来，当时没有给广东信托投资公司贷款的外资和中资银行只有两家，成长青所在的芝加哥银行中国分行正是其中之一，正是因为那次对细节的注意，他才让"差那么一点点就把两千万贷出去"的事没有变成事实。

现代人在智商、知识、能力等各方面的差距愈来愈小，因此，人与人之间的竞争也走向了细节化。就跟我们通常所谓的品牌差异化竞争一样，其实就是细节上的竞争，产品在质量和性能上的差异总是越来越小，产品的价值就只能体现在细节的周到和创意上。当然，做人也一样，人生并不需要那多么壮烈才能体现出美好的品德，一些小小的细节，譬如不乱丢垃圾、讲文明礼貌等就能体现你的公德心。被称为“中国第一小提琴手”的吕思清就认为：“人的品德往往是从一些很小的事情上来体现的，对人负责，对观众负责，这是我自始至终告诫自己的事。因为有了这样的要求，我不管在何时何地，不管是给几万人演出还是给几十个人演出，不管是在漂亮的殿堂还是在一个简陋的小屋，只要有观众，我就会百分之一百地投入演出。当音乐响起时，我没有把它当作简单的弓弦相碰，而是希望通过演奏音乐呈现心灵深处的情感，与观众进行心与心的交流。”

(七)迅速行动

晏子说，“为者常成，行者常至”。行动未必带来好的结果，但不行动就永远不会有结果。行动，撬动梦想。说一尺，不如做一寸，想一丈，不如做一尺，任何事都立刻去做的人才是伟大的人。什么事情不怕自己不懂，只怕自己不做，边做边学，总会有成绩的。因此，要做行动的巨人！

案例3

1973 年，英国利物浦市一个叫科莱特的青年，考入了美国哈佛大学，常和他坐在一起听课的，是一位 18 岁的美国小伙子。大学二年级那年，这位小伙子和科莱特商议一起退学，去开发 32Bit 财务软件，因为新编教科书中，已解决了进位制路径转换的难题。当时，科莱特感到非常惊讶。因为他来这里是求学的，不是来闹着玩的，再说对 BR 系统，博士才教了点皮毛，要开发 Bit 财务软件，不学完大学的全部课程是不可能的。他委婉地拒绝了那位小伙子的邀请。10 年后，科莱特成为哈佛大学计算机系 Bit 方面的博士研究生，那位退学的小伙子也在这一年，进入美国《福布斯》杂志亿万富翁排行榜。1992 年，科莱特继续攻读，成为博士后；那位美国小伙子的个人资产，在这一年则仅次于华尔街大亨巴菲特，达到 65 亿美元，成为美国第二富豪。1995 年，科莱特认为自己已具备了足够的学识，可以研究和开发 32Bit 财务软件了，而那个小伙子则已绕过 Bit 系统，开发出 Eip 财务软件。它比 Bit 快 1 500 倍，并且在两周内占领了全球市场，这一年他成了世界首富，一个代表着成功和财富的名字——比尔·盖茨，也随之传遍全球的每一个角落。

案例分析

1. 分析比尔·盖茨成功的原因。

2. 如果你是科莱特，你会怎么选择？

在这个世界上，有许多人认为，只有具备了精深的专业知识才能创业。然而，世界创新史表明：先有精深的专业知识才从事发明创造的人并不多，不少成就一番事业的人，就是在知识不多时，就直接对准了目标，然后在创造过程中，根据需要补充知识。比尔·盖茨在哈佛大学没毕业就去创业了，假如等到他学完所有的知识再去创办微软，他还会成为世界首富吗？

人如果不能创造时机，就应该抓住那些已经出现的契机。当机立断是一个人的能力与才干的表现，一个成功的人懂得机会来到时应该怎么办。“立即行动”就是最好的办法。

【做的格言】
早做迟做都要做，不如早做。
认真也是做，应付也是做，不如好好做。
今天不做，明天也许没得做，活在当下，把握目前。
我们不做，谁来做？现在不做，何时做？

（八）不要迟疑

哥伦布说：“即使决定是错误的，那我们也可以通过行动来把事情做对，而不是再回头讨论。”如果我们总是希望能把事情考虑周全以后再行动，这固然没错，但这也是瞻前顾后、犹豫不决的体现。我们做事应当机立断，一旦犹豫不决，我们便会畏缩。畏缩就无法前进，就会失去很多机会，就会徒徒蹉跎时光，留下悔念。

（九）坚持最后五分钟

胜利就存在于每次都要“坚持住最后五分钟”，行百里者半九十。在选好目标和行动方向之后，剩下的事情就只有坚定不移地向目标前进。如古代哲学家荀况所说：“骐骥一跃，不能十步；驽马十驾，功在不舍；锲而舍之，朽木不折；锲而不舍，金石可镂。”而黎明前的一刻，则往往是最黑暗也最阴冷的时刻，这个世界上有很多人的失败，就倒在没有坚持“最后五分钟”，在胜利马上就要到来之际，却做了逃兵。

所以，有句俗话说得好：坚持就是胜利。

其实，成功并不难，成功者与失败者的区别在于行动力上的强弱。我们只有管理好自己的行动力，迅速有效地执行，才能让行动力转化为胜利的果实。

二、提升行动力的原则

（一）执行开始前：决心第一，成败第二

案例4

你真正做决定了吗？

郭台铭随身带个小闹钟，性格十万火急。他带人如带兵，看不得年轻人不上进，看不得事情没效率，他可以三天三夜不睡觉赶出货来，可以直接冲到生产线，连续6个月守在机器旁，硬是盯着磨出技术！

案例分析

你想做一件事情的时候，你会怎么展现自己的决心？

说到底，执行力的强弱取决于你的决心。如果已在执行阶段，还在想是不是应该做，这时执行就会有问题！如果不想做事的话，任何人都可以找出N个理由来不做。这个时候只有一样东西发生作用，那就是你有没有决心！执行的关键是建立必胜的信心和决心，任何事，只要你认为做不成，那成功的概率就是零！有了必胜的信心和决心，成功的概率便有了百分之九十！

建立你的决心！不能再有"以后再做"的事发生，因为根本没有明天再做这回事。今天不是决定你明天做什么，而是决定你明天成为什么。不要错过今天，将一星期前、一个月前、一年前的害怕、怯懦、毁灭信心的思想从你心中除去，今天是你充满信心，永远摈弃害怕的日子，你今天才会充满信心地行动！这就是支撑我每天走向成功的秘密。

——（乔伊·古拉德，被《吉尼斯世界纪录大全》列为当代最伟大的推销员，在一年内创造了推销1 425辆汽车的世界纪录）

（二）执行过程中：速度第一，完美第二

"速度第一，完美第二"，是因为完成比完美更重要，不能因为一味地追求完美，而导致迟迟不能完成任务或严重降低了完成任务的速度。现在不是大鱼吃小鱼的时代，而是快鱼吃慢鱼的时代。竞技场上，一个出拳速度快的小个子一定能够击败动作迟缓的大块头，快如闪电，就会瞬间爆发惊人的力量。所有的经济组织无不追求"更高、更快、更强"，它不仅是奥运会的著名格言，也是企业运行的不二法则，企业永远喜欢有速度的人。

（三）执行结束后：结果第一，理由第二

我们从不相信信誓旦旦，从不相信别人的承诺，我们只相信已经发生的事实，只关心正在发生的事实和数据。不管白猫黑猫，会抓老鼠的就是好猫！不要总是首先想到给自己开脱，总是先找一堆借口和理由。我们是靠结果生存，我们不能靠理由生存，没有结果，我们就不能生存，这是硬道理！所以，在执行过程中，多想办法，少想借口。

眼中有结果，就不会有困难，眼中有困难，就不会有结果，结果和困难是跷跷板上的两极。其实每个人都会失败，失败并不可怕，但不能放弃！可以成功、可以失败，但不可以放弃！执行是一个试错的过程，必须先行动起来！

案例5

联邦快递——把客户所托变成使命

2000年11月初，"象神"台风袭击台湾地区，带来大暴雨，基隆河水位暴涨，新店、文山及瑞芳地区几乎成了一片汪洋，最严重的汐止地区还出现两层楼高的严重积水，有不少人因此溺毙。台湾地区道路也出现多处塌方，再加上泥石流夹击，电力、电信系统严重受损，台湾地区笼罩在一片凄风苦雨中。虽然其他的货运快递业都已停止递送，但联邦快递没有宣布停止服务，所有一线的员工都坚守在岗位上，丝毫不敢懈怠。在四处都有积水的情况下，送货当然是一项十分危险的任务，刘天一回想："当时完全没有考虑危不危险、辛不辛苦，心里只想着公司的精神是'使命必达',无论如何也得把货送到。"

当客户开门的一刹那,看到的是全身滴着水、满脸笑容的刘天一,那时客户的表情只能用"除了惊讶,还是惊讶"来形容,因为没有人会想到,台风天气还能准时收到货。虽然,冒着风雨送货最后只换来一句简单的"谢谢",不过刘天一依旧笑容满面地相信,"他们将成为我们一辈子的客户"。

三、培养行动的习惯

提升行动力,我们要动起来,形成行动的习惯,让行动习惯成自然,由开始的需要意志努力的"我要做"变成任务来了,自动做。而行动习惯的培养遵循五动步骤。

第一动:起动。

要养成一个好习惯,光在脑子里转,是无论如何也不可能把这个习惯养成的,还必须动,必须起动。即一旦我们下了决心要养成某个习惯,就要立即起动,不能明日复明日,不能只在脑子里转。如果那样,习惯是永远不可能养成,收获永远不会到来。

第二动:百动。

职业经理人杰克·韦尔奇曾经说过:"一旦你产生了一个简单的、坚定的想法,只要你不断地重复它,终会使之成为现实;提炼、坚持、重复,这是你成功的法宝;持之以恒,终将达到临界值。"杰克·韦尔奇这里所说的"只要你不断地重复它""坚持、重复""持之以恒",指的也许就是要不断地"动",要足够地"动",要"百动"。因为只有不断地"动",只有足够地"动",只有经过"百动",一个坚定的想法,一种重要的观念,才能变成习惯,才能变为大家的行动,才能真正落到实处!需要注意的是,之所以称之为"百动",意思是必须动到足够量,习惯才能养成。否则,尽管你也动了,但因为量不足,这习惯还是无法养成,结果"行百里者半九十",中途而废。在实际生活中,这样的憾事简直俯拾皆是。家庭、学校、企业、社会都在讲"养成教育",都在试图培养各种良好的习惯,可惜的是我们往往缺乏耐心或不明此理。跑步坚持三天就不跑了,进社团一个学期就没热度了,定期拜访客户坚持一个月就无法持续了……不断地重复行动—放弃,行动—放弃,浪费大量人力物力,却没有任何收效。如果我们持之以恒,行为怎么会没有结果,习惯怎么能养不成?

第三动:自动。

一旦你坚持不懈,做到了"百动",量变真的就会发生质变——你所渴望的、将使你终身受益的习惯就养成了。而到了这个阶段,一种奇妙的现象就在你身上产生了——"自动"。

什么叫"自动"?自动就是无须监督,无须压力,你自己就会动;自动就是这样动了,你内心就舒服,不这样动,你内心就不安;自动就是有人在,你是这样,没有人在,你照样这样;自动就是你一定会这样动,而且一定会保质保量地这样动。试想,这对全社会将是一种多么求之不得的情景啊!因为很显然,哪一个企业不渴望自己的员工能这样"自动"?哪一个家庭、哪一所学校、哪一级政府不渴望自己的孩子、学生、百姓能这样"自动"?习惯到了"自动"阶段，对社会意义重大，而对我们个人又何尝不是如此？细想一下，一旦你在人生各方面养成了各种好习惯，这将是一种多么理想的状态啊——你既无外压，也无内压，却总在做着有益于自己也有益于社会的事；你每天的安排既紧张、有序，又充实、舒心；你做起事来从容不迫、有条不紊，却又张弛有度、高效卓越；你无论内心情感还是与人相处都因有许多良好的习惯而愉悦欢畅、如鱼得水……一旦到了这个层次，这对我们将是一种多么自在、理想、美满的人生状态啊！

第四动：永动。

过了"自动"，又一种奇妙的状态出现了，那就是"永动"。何谓"永动"呢？

"永动"就是你总在动，总在自觉地动，总在经年累月地动，总在默不作声地动。这是什么呢？这实际就是毅力。而有谁能想到，这人人称羡、向往而又自感遥不可及的毅力，原来竟源于习惯！闻名于世的麦当劳创始人克罗克就曾说过："在世界上毅力是无法替代的。天赋无法替代它，有天赋却失败的人比比皆是；才能无法替代它，有才能却失败的人时时可见；教育无法替代它，受教育却失败的人处处可闻。只有毅力是无所不能，所向披靡的。"

第五动：乐动。

当别扭的感觉完全消失，已经完全适应一件事情，就形成了乐动。

调查显示，一个良好习惯的形成一般需要21天，比如，连续21天，坚持每天早晨六点起床，之后就会养成这个习惯。习惯一旦触发没有过程，要利用行动来改变习惯。习惯一旦养成，就会感悟到行动的乐趣。首先，一个好习惯养成后，你这样做就舒服，不这样做内心就会不安。这舒服即人生一乐。其次，当你养成了各种好习惯后，人生会变得十分充实。你从早到晚都在做各种事，而这些事既有益于自己，又有益于社会，因此心里会觉得很踏实。由于这一切习惯都是你自己精心设计、精心培养的，因此每一天你虽然很忙，但忙得很主动、很自在、很有序，又很高效、很健康、很潇洒。我们的人生就能因习惯而变得生动活泼、丰富多彩、高效有序。第三，当我们试着去养成各种习惯，当这些习惯起动、百动、自动、永动后，我们发现自己的能力总在一步步提升，自己的目标总在一个个达成，自己的难题总在一个个解决，自己的奇迹总在一个个出现。也就是说，我们总在不断变化、不断进步、不断超越、不断突破，从而体会到成长的快乐。

四、激发行动的六大步骤

(一)我要得到什么样的结果

思考想要的结果，比如：通过计算机二级，考上研究生，找到理想工作，达成10万元的业绩指标，被公司认可，两年内竞聘主管职位，等等。

(二)达不到目标有什么样的痛苦

闭上眼睛想象一下，没有达成这个目标可能的痛苦场景，比如：考试不及格，失去工作，个人价值不被认可，等等，场景想象越具体越好。

（三）不行动有什么坏处

继续思考，如果不行动会导致什么不良后果，例如：工作做不出业绩，目标未达成，不被信任，生活失去保障，无快乐可言。

（四）假如马上行动，有什么好处

如果立即行动，又会带来什么好处，比如：有机会争取大的订单，个人价值将得到认可，成为事业的转折点！

（五）制定期限，马上行动

行动前，定下目标达成时限，比如：在三个月内通过英语四级考试！

（六）将行动计划告诉你的家人、朋友和领导

看你的行动计划是否合理可行，先行检验一下，比如：告诉上级领导自己的目标，寻求他的帮助和支持，制定相应的策略。

互动体验1

找出一件你一直想做，但是没有做的事情，按照六大步骤激发你的行动力：

1. 我要得到什么样的结果？

____

____

2. 达不到目标有什么样的痛苦？

____

____

3. 不行动有什么坏处？

____

____

4. 假如马上行动，有什么好处？

____

____

5. 制定期限，马上行动。

____

____

6. 将行动计划告诉你的家人、朋友和领导。

____

____

互动体验2

我有一个梦。

本章小结

行动力是指激发、维持个体指向某种目标而活动的一种驱动力，主要表现为机会的把握力和行动的持久力。所谓机会的把握力，是指个体能迅速把握机会，利用机会达成人生目标的能力；所谓行动持久力，也就是维持个体指向性目标行动的外在表现力。行动力具有三个层面的内涵：一是行动力具有意图性和目标性；二是行动力具有活动性和操作性；三是行动力具有坚忍性和持久性。行动力对个人成功具有重大影响作用，再美妙的理想，多么科学的规划，如果不能付诸实施，或者实施没有效果，也只能是水中花、镜中月、空中楼。大学生要遵循行动力原则，培养主动意识，树立明确目标，作好充足准备，专注目标，迅速行动，养成良好行动习惯，方能在激烈的竞争浪潮中屹立不倒，收获成功人生。

思考题

1. 什么是行动力？行动力强的人具备何种特点？

2. 结合自身实际，谈谈你的行动力状况如何？打算采取哪些措施进一步提升自己的行动力？

3. 描述最近一次与人交流时注意到的细节，推测这一细节可能蕴含的信息。

4. 列举你具有的三种良好行为习惯，分析这些习惯的形成途径。

后 记

本书是非专业能力课程系列教材的第二本，通过自我探索、职业环境探索、职业生涯规划、时间管理、健康管理、学习管理、行动力管理等方面的学习和实践，加深自我了解，树立正确的职业观，激发大学生职业生涯发展的自主意识，启发大学生的自我管理意识，同时帮助学生掌握自我管理的基本能力，为将来的成长与成才打下良好的基础。

本书由郭霖担任主编，张美华、杨复伟、王艳担任副主编，各章节的编写工作由武汉工程科技学院楚商学院非专业能力教研室授课教师合力完成。

具体分工为：第一章由陈晶编写；第二章由周艳编写；第三章由李毅编写；第四章由王艳编写；第五章由卢秀丽编写；第六章由张美华编写；第七章由李英编写；第八章由刘洁编写。全书由郭霖统稿，张美华、杨复伟、王艳协助。

全书从创意、构思、写作直到印刷面世，得到了诸多领导和老师的帮助和指导，在此表示诚挚的谢意！

此外，本书在写作过程中参考和借鉴了学术界同仁的成果和观点，限于篇幅未能一一列出，在此一并表达真挚的敬意和感谢！

尽管由于时间和水平限制，书中难免存在许多不足之处，但若能对读者有所帮助，我们也备感欣慰和珍惜。最后，诚请批评指正，以便再版时修订。

编　者

2018 年 1 月

参考文献

[1] 杜林致. 人力资源测评理论与实务[M]. 广州:暨南大学出版社,2008.

[2] 叶奕乾,何存道,梁宁建. 普通心理学[M]. 上海:华东师范大学出版社,2010.

[3] David Keirsey. 请理解我:气质、性格与智能[M]. 北京:中国轻工业出版社,2001.

[4] 俞文钊,吕建国,孟慧. 职业心理学[M]. 大连:东北财经大学出版社,2007.

[5] 黄希庭. 心理学导论[M]. 北京:人民教育出版社,1991.

[6] 格里高力·E. 哈苏克苏. 发现你的职业性格[M]. 穆瑞锋,郭岑,钱峰,译. 北京:电子工业出版社,2012.

[7] 周丹. 有备而来——规划职场中最好的自己[M]. 北京:中华工商联合出版社,2017.

[8] 万清祥,张烈文,刘世勇. 大学生职业发展[M]. 北京:中国地质大学出版社,2007.

[9] 王艳,刘洁. 大学生职业生涯规划与变业指导[M]. 天津:天津大学出版社,2014.

[10] 崔正华,李强,张荣. 大学生职业生涯规划与就业指导[M]. 上海:上海交通大学出版社,2011.

[11] 祁金利,李家华. 大学生职业生涯与发展规划教程[M]. 北京:中国传媒大学出版社,2009.

[12] 刘德恩,包昆锦. 职业生涯规划[M]. 北京:北京师范大学出版社,2007.

[13] 钱建国. 大学生职业规划与就业指导[M]. 北京:人民出版社,2007.

[14] 谷兰,杨开. 大学生职业生涯发展与规划[M]. 上海:华东师范大学出版社,2008.

[15] 杨金焱,等. 大学生职业生涯规划教程[M]. 武汉:湖北科学技术出版社,2006.

[16] 陆丹,何萍,段春锦. 大学生体验式生涯管理[M]. 北京:机械工业出版社,2013.

[17] 格拉宁. 奇特的一生[M]. 侯焕闳,唐其慈,译. 郑州:海燕出版社,2001.

[18] 洛塔尔·赛韦特. 把时间留给最重要的事[M]. 郝湉,译. 北京:中信出版社,2010.

[19] 乐虹,吴均林,王春荣. 大学新生亚健康现状及预防对策研究[J]. 医学与社会,2004,17(3):13-15.

[20] 王英,陈清. 高校大学生亚健康状况的横断面调查研究[J]. 中国全科医学,2005,8(9):738-740.

[21] 陈学东. 大学生亚健康研究现状及发展趋势[J]. 西安社会科学,2009,27(3):532-536.

[22] 刘军,唐艳婕,肖柳. 大学生亚健康状态的成因与健康促进[J]. 四川体育科学,2010(1):975-979.

[23] 刘杰,刘洋. 体育院校大学生亚健康状况测评与分析[J]. 中州体育:少林与太极,2009(5):256-270.

[24] 陈竞,莫颂轶. 高校大学生亚健康成因及健康促进对策[J]. 右江民族医学院学报,2007,29(4):659- 661.

[25] 王锐,朱壮志. 当代大学生的亚健康状态与对策[J]. 河北体育学院学报,2004(3):32-35.

[26] 邝燕兰,邱倩义,陈微微. 2009 年广州市大学生亚健康状况及其相关因素分析[J]. 预防医学论坛,2010,16(8):681-684.

[27] 由娟. 大学生亚健康状况调查[J]. 现代预防医学,2007,34(4):796-797.

[28] 梁雪珍. 大学生亚健康状况分析与研究[J]. 医学信息,2008,21(11):213-215.

[29] 王文芹,刘伟光. 大学生亚健康状态的形成、表现及消除办法[J]. 体育科技文献通报,2007,15(7):21-23.

[30] 徐冰. 浅谈亚健康[J]. 健康天地,2010,4(8):178-180.

[31] 郑秋甫,段留法. 亚健康研究现状[J]. 解放军保健医学杂志,2003,5(2):67-70.

[32] 黄晓婷. 大学生亚健康成因及健康促进对策[J]. 科技信息,2009(13):1021-1023.

[33] 李成华,张立侠. 师范院校大学生亚健康现状调查及干预[J]. 通化师范学院学报,2009,30(4):54-55.

[34] 敬枫蓉. 规划引领人生——走进大学[M]. 北京:科学出版社,2010.

[35] 白公,等. 怎样度过大学生活[M]. 北京:机械工业出版社,2010.

[36] 张恒亮. 学业规划:筹划未来[M]. 成都:电子科技大学出版社,2004.

[37] 黄文浩. 为者常成,行者常至——刍议大学生核心竞争力的构成及养成[J]. 湖南科技学院学报,2009(5):74-76.

[38] 中共中央马克思恩格斯列宁斯大林著作编译局. 马克思恩格斯选集:第 3 卷[M]. 北京:人民出版社,1995.

[39] 亨利·戴维·梭罗. 瓦尔登湖[M]. 徐迟,译. 上海:上海译文出版社,2003.

[40] 毕淑敏. 震撼美国一百年的调查[J]. 新闻世界,2007(11):25.

[41] 李践. 高绩效人士的五项管理[M]. 北京:机械工业出版社,2009.

